Impressum
Verlag: BABADADA GmbH, Nedderfeld 112 , 22529 Hamburg
Geschäftsführer / Verlagsleitung: Harald Hof
Druck: Books on Demand GmbH, In de Tarpen 42, 22848 Norderstedt

Imprint
Publisher: BABADADA GmbH, Nedderfeld 112 , 22529 Hamburg, Germany
Managing Director / Publishing direction: Harald Hof
Print: Books on Demand GmbH, In de Tarpen 42, 22848 Norderstedt, Germany

សាលារៀន

школа

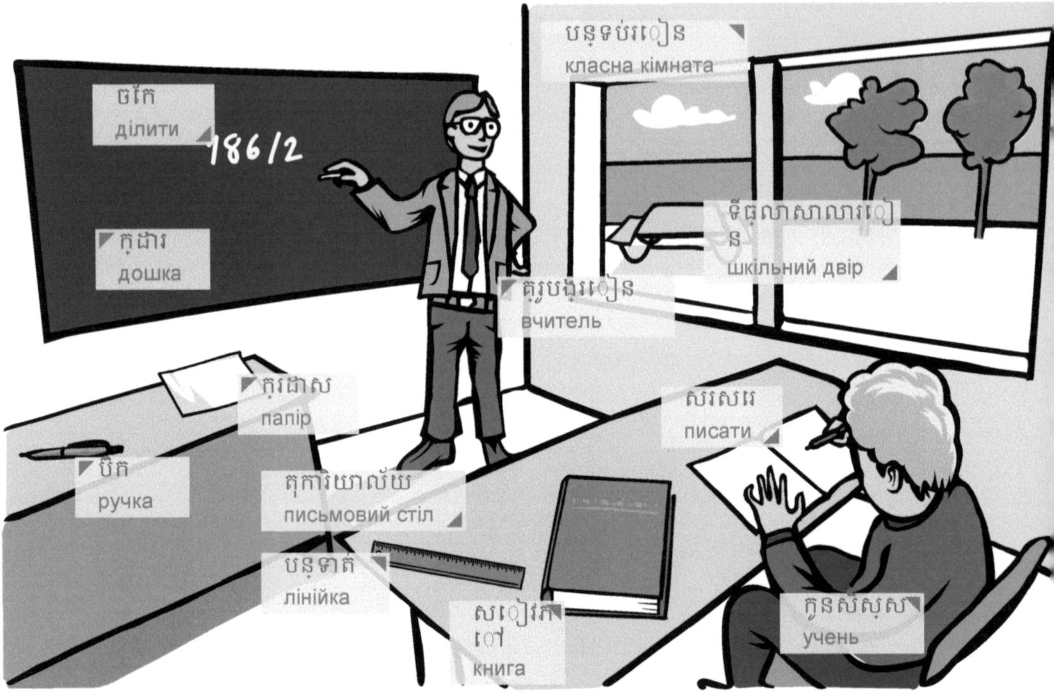

បន្ទប់រៀន
класна кімната
ចែក
ділити
186/2
ក្ដារ
дошка
ទីធ្លាសាលារៀន
шкільний двір
គ្រូបង្រៀន
вчитель
ក្រដាស
папір
សរសេរ
писати
ប៊ិក
ручка
តុការិយាល័យ
письмовий стіл
បន្ទាត់
лінійка
សៀវភៅ
книга
កូនសិស្ស
учень

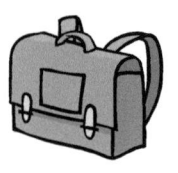

សម្ពៀតស្បែក

ранець

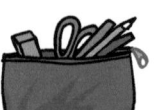

ប្រអប់ដាក់ខ្មៅដៃ

пенал

ខ្មៅដៃ

олівець

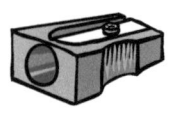

ប្រដាប់ខួងខ្មៅដៃ

точило

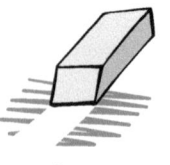

ជ័រលុប

гумка

ផ្ទាំងគំនូរ

альбом для малювання

គំនូរ

малюнок

ជក់គូរ

пензель

ប្រអប់ថ្នាំលាប

коробка фарб

កន្ត្រៃ

ножиці

កាវបិទ

клей

សៀវភៅលំហាត់

зошит

កិច្ចការផ្ទះ

домашнє завдання

12

លេខ

число

2+2

បូក

додавати

5-2

ដក

віднімати

2×2

គុណ

множити

គណនា

рахувати

A

លិខិត

літера

ABCDEFG HIJKLMN OPQRSTU VWXYZ

អក្ខរក្រម

абетка

hello

ពាក្យ

слово

អត្ថបទ

————

текст

អាន

————

читати

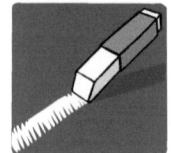

ដីស

————

крейда

មេរៀន

————

година

ចុះឈ្មោះ

————

класний журнал

ការប្រលង

————

екзамен

វិញ្ញាបនបត្រ

————

диплом

ឯកសណ្ឋានសាលា

————

шкільна форма

ការអប់រំ

————

освіта

សព្វវចនាធិប្បាយ

————

лексикон

សាកលវិទ្យាល័យ

————

університет

មីក្រូទស្សន៍

————

мікроскоп

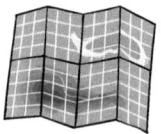

ផែនទី

————

карта

កន្ត្រករដាក់សំរាមក្រដាស

————

кошик для паперу

подорож

Grand
សណ្ឋាគារ
готель
សណ្ឋាគារក្មេង
турбаза
ROOMS
EXCHANGE
ការិយាល័យប្តូរប្រាក់
обмінний пункт
វ៉ាលី
валіза
រថយន្ត
автомобіль

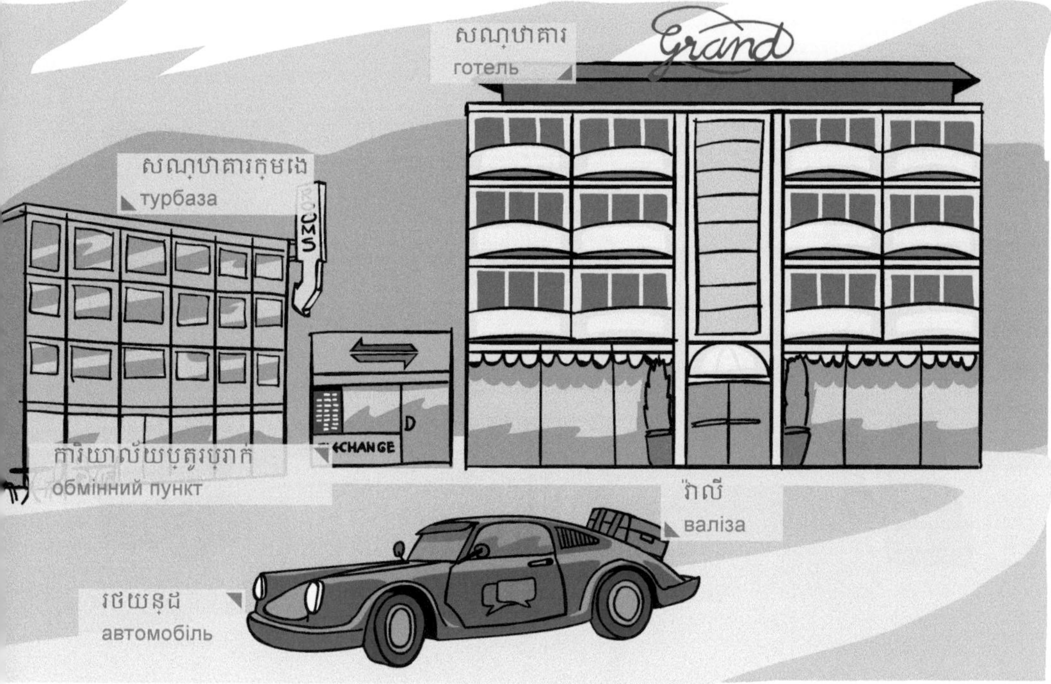

ភាសា

мова

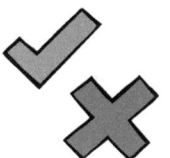

បាទ / ទេ

так / ні

យល់ព្រម

добре

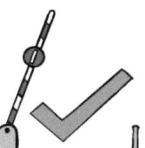

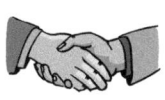

សាយ័ន្តសួស្តី!

привіт

អ្នកបកប្រែ

перекладач

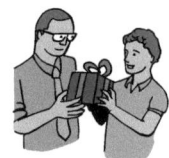

សូមអរគុណ

дякую

ចូលប៉ុន្មាន...?

Скільки коштує ...?

ខ្ញុំមិនយល់

Я не розумію

បញ្ហា

проблема

ទិវាសួស្តី!

Добрий вечір!

អរុណសួស្តី

Доброго ранку!

រាត្រីសួស្ដី!

На добраніч!

លាហើយ

До побачення

ទិសដៅទៅ

напрямок

អីវ៉ាន់

багаж

កាបូប

сумка

កាបូបស្ពាយក្រោយ

рюкзак

ភ្ញៀវ

гість

បន្ទប់

кімната

ថង់ដេក

спальний мішок

តង់

намет

ព័ត៌មានទេសចរណ៍
....
туристична інформація

ឆ្នេរ
....
пляж

កាតឥណទាន
....
кредитна картка

អាហារពេលព្រឹក
....
сніданок

អាហារថ្ងៃត្រង់
....
обід

អាហារពេលល្ងាច
....
вечеря

សំបុត្រ
....
квиток

ជណ្តើរយន្ត
....
ліфт

តម្រ
....
поштова марка

ព្រំដែន
....
межа

គយ
....
митниця

ស្ថានទូត
....
посольство

ទិដ្ឋាការ
....
віза

លិខិតឆ្លងដែន
....
паспорт

ការដឹកជញ្ជូន

транспорт

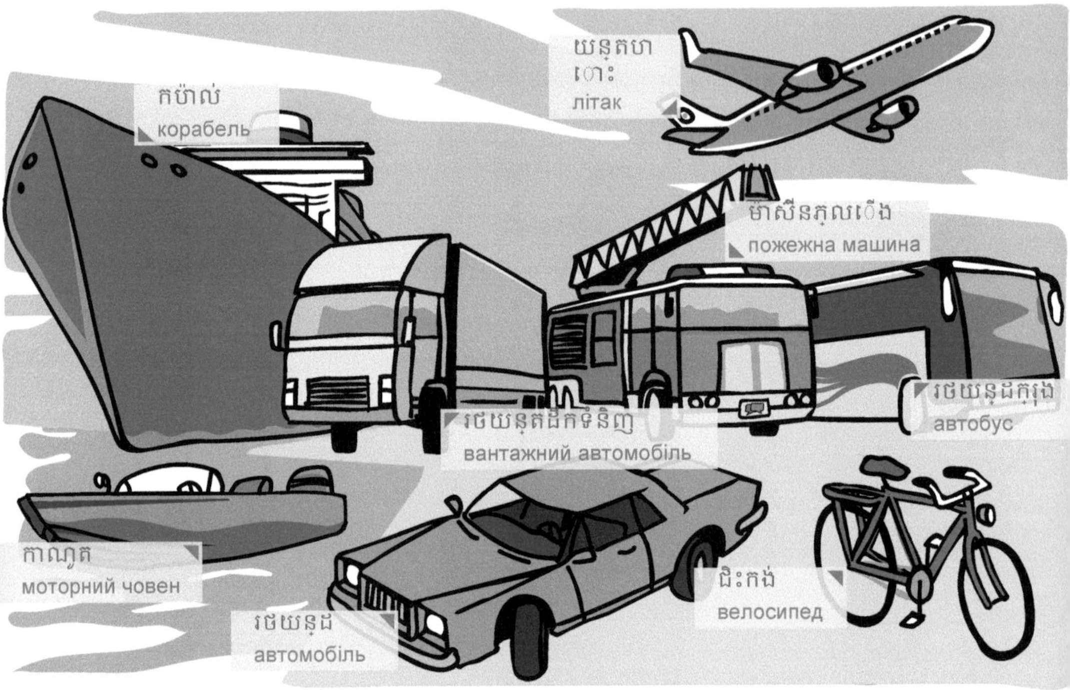

យន្តហោះ
літак
កប៉ាល់
корабель
ម៉ាសីនភ្លើង
пожежна машина
រថយន្តដឹកក្រុង
автобус
រថយន្តដឹកទំនិញ
вантажний автомобіль
កាណូត
моторний човен
ជិះកង់
велосипед
រថយន្ដ
автомобіль

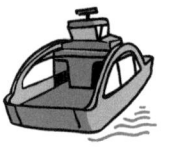

សាឡាង

пором

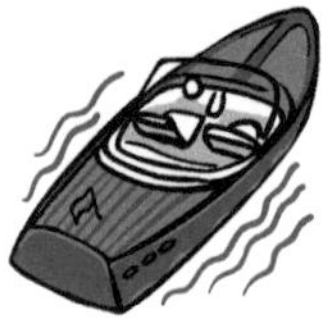

ទូក

човен

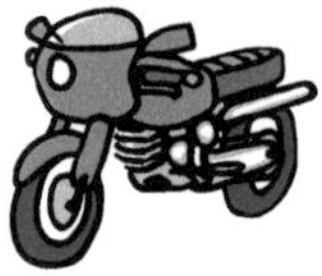

ម៉ូតូ

мотоцикл

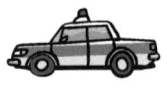

រថយន្តប៉ូលិស

поліцейська машина

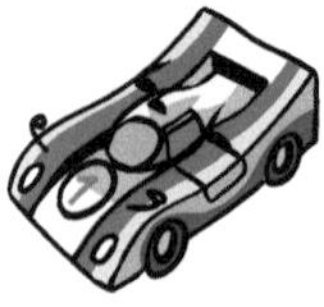

រថយន្តប្រណាំង

гоночний автомобіль

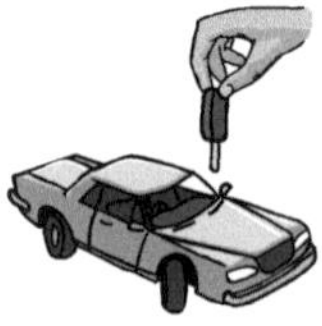

រថយន្តជួល

автомобіль на прокат

ការចែករំលែករថយន្ត

ільне користування авто

ឡានស្ទូច

евакуатор

ឡានបូមលសំរាម

сміттєвоз

ម៉ាស៊ីន

двигун

ឥន្ធនៈ

паливо

ស្ថានីយបូមាង

автозаправна станція

បុលាកសញ្ញាចរាចរណ៍

дорожній знак

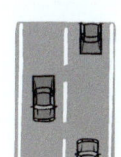

ការធ្វើដំណើរចរាចរណ៍

рух

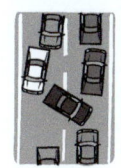

កកស្ទះចរាចរណ៍

затор

ចំណត

стоянка

ស្ថានីយរថភ្លើង

вокзал

ផ្លូវដែក

рейки

រថភ្លើង

потяг

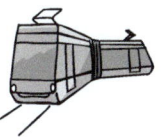

រថអគ្គីសនី

трамвай

ទូររថភ្លើង

вагон

ឧទ្ធម្ភាគចក្រ
....
гелікоптер

ព្រលានយន្តហោះ
....
аеропорт

ប៉ម
....
вежа

អ្នកដំណើរ
....
пасажир

កុងតឺន័រ
....
контейнер

ករដាសកាតុង
....
коробка

រទេះ
....
візок

កញ្ចប់
....
кошик

ហោះឡ្យេឡើង / ចុះ
....
стартувати / приземлятися

ទីក្រុង

МІСТО

ភូមិ
....
село

កណ្ដាលទីក្រុង
....
центр міста

ផ្ទះ
....
дім

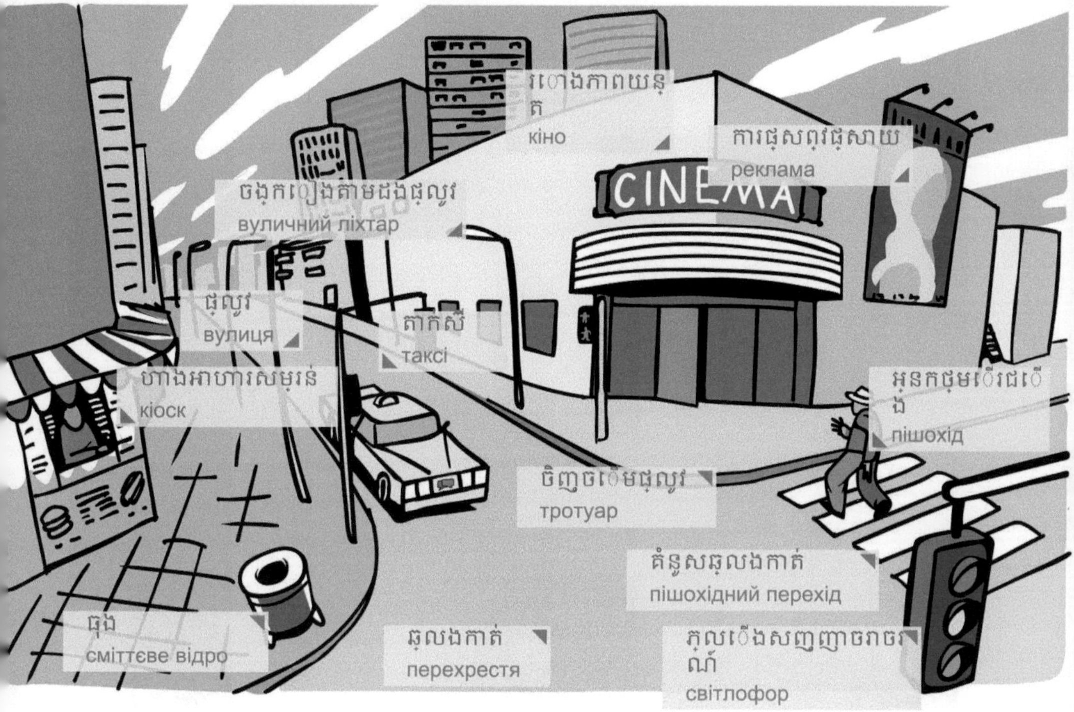
CINEMA
រោងភាពយន្ត
кіно
ការផ្សព្វផ្សាយ
реклама
ចង្កៀងតាមដងផ្លូវ
вуличний ліхтар
ផ្លូវ
вулиця
តាក់សី
таксі
ហាងអាហារសម្រន់
кіоск
អ្នកថ្មើរជើង
пішохід
ចិញ្ចើមផ្លូវ
тротуар
គំនូសឆ្លងកាត់
пішохідний перехід
ធុង
сміттєве відро
ឆ្លងកាត់
перехрестя
ភ្លើងសញ្ញាចរាចរណ៍
світлофор

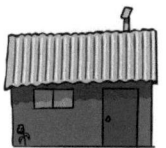

ខ្ទម

хатина

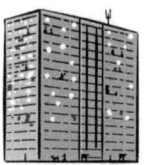

ផ្ទះល្វែង

квартира

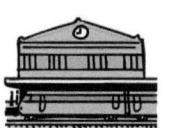

ស្ថានីយរថភ្លើង

вокзал

សាលាក្រុង

ратуша

MUSEUM

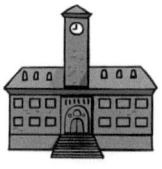

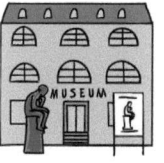

សារមន្ទីរ

музей

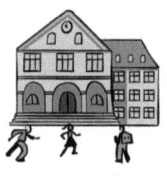

សាលារៀន

школа

សាកលវិទ្យាល័យ

університет

ធនាគារ

банк

មន្ទីរពេទ្យ

лікарня

សណ្ឋាគារ

готель

ឱសថស្ថាន

аптека

ការិយាល័យ

офіс

ហាងលក់សៀវភៅ

книжковий магазин

ហាង

магазин

ហាងផ្កា

квітковий магазин

ផុសារទំនិញប៉ែប

супермаркет

ទីផ្សារ

ринок

ហាងទំនិញ

універмаг

ហាងលក់ត្រី

торговець рибою

មជ្ឈមណ្ឌលផ្សារទំនើប

торговельний центр

កំពង់ផែ

гавань

ឧទ្យាន

парк

បង្គង់

лава

ស្ពាន

міст

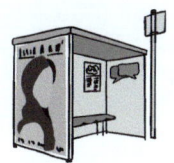

ជណ្តើរ

сходи

ផ្លូវក្រោមដី

метро

ផ្លូវរូងក្រោមដី

тунель

ចំណតរថយន្តក្រុង

автобусна зупинка

បារ

бар

ភោជនីយដ្ឋាន

ресторан

ប្រអប់សំបុត្រ

поштова скринька

សញ្ញាតាមដងផ្លូវ

вулична табличка

ឧបករណ៍បូម្បូលចូលចំណត

лічильник паркування

សួនសត្វ

зоопарк

អាងហាលែទឹក

басейн

វិហារអ៊ីស្លាម

мечеть

កសិដ្ឋាន

ферма

ការបំពុល

забруднення
навколишнього
середовища

វាលកប់ខ្មោច

кладовище

ព្រះវិហារ

церква

គ្រឿងអេលិកុមងេលង

дитячий майданчик

បុរសាទ

храм

ទេសភាព

ландшафт

ស្លឹក
листок

សញ្ញាបង្ហាញទិសដៅ
вказівний стовп

ផ្លូវ
шлях

វាលស្មៅ
луг

ដុំថ្ម
камінь

អ្នកទេសចរងាក់ឃ្នុន
мандрівник

ដើមឈើ
дерево

ទន្លេ
річка

ស្មៅ
трава

ផ្កា
квітка

ជ្រលងភ្នំ

долина

កូនភ្នំ

гора

បឹង

озеро

ព្រៃឈើ

ліс

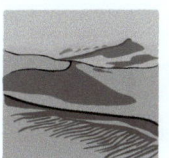

វាលខ្សាច់

пустеля

ភ្នំភ្លើង

вулкан

គគោកុប៉ី

замок

ឥន្ទធនូ

веселка

ផ្សិត

гриб

ដើមត្នោត

пальма

មូស

комар

រុយ

муха

ស្រមោច

мурашка

សត្វឃ្មុំ

бджола

ពីងពាង

павук

សត្វកញ្ចៃ

жук

កង្កែប

жаба

កំប្រុក

вивірка

សត្វកាំបុរមា

їжак

ទន្សាយសុលึก

заєць

សត្វទីទុយ

сова

បក្សី

птах

ហង្ស

лебідь

ជ្រូក

кабан

សត្វក្តាន់

олень

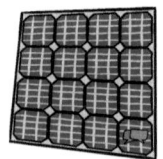

សត្វក្តាន់

лось

ទំនប់

гребля

កង្ហារខ្យល់

вітряк

បន្ទះសូឡា

сонячний модуль

អាកាសធាតុ

клімат

ភោជនីយដ្ឋាន

ресторан

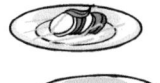

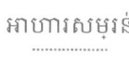

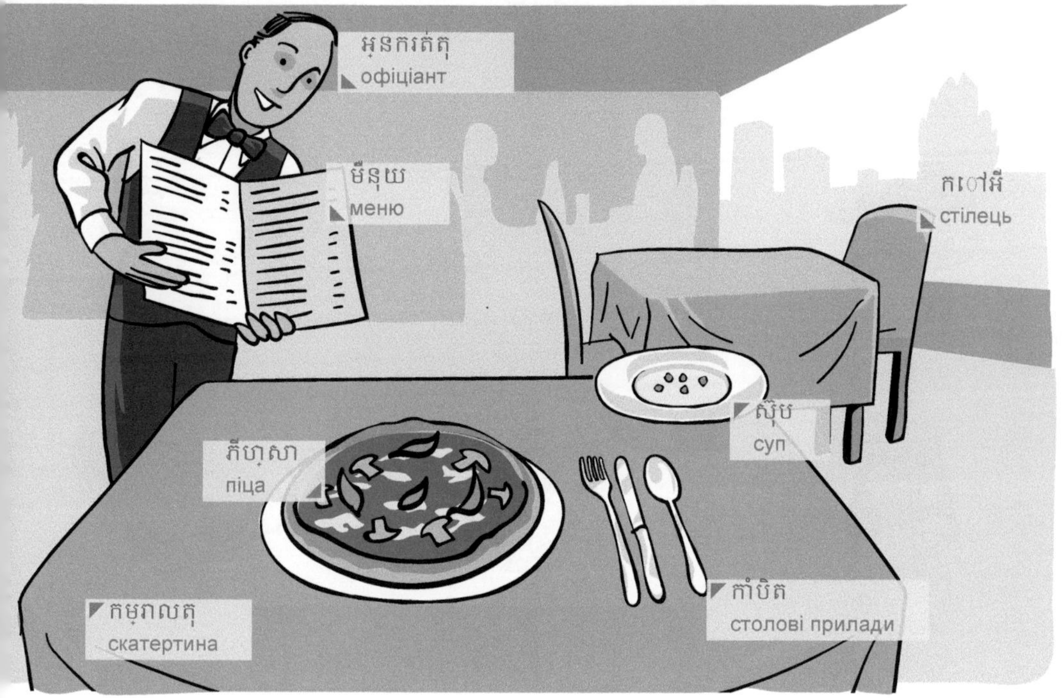

អ្នករត់តុ
офіціант
មីនុយ
меню
កៅអី
стілець
ស៊ុប
суп
ភីហ្សា
піца
កាំបិត
столові прилади
កម្រាលតុ
скатертина

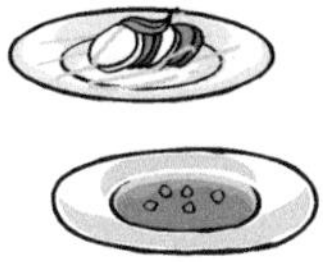

អាហារសម្រន់

закуска

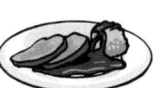

អាហារសំខាន់

друга страва

បង្អែម

десерт

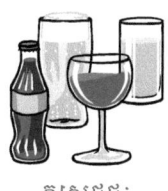

ភេសជ្ជៈ

напої

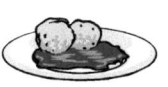

អាហារ

їжа

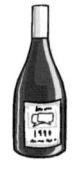

ដប

пляшка

អាហារហ័ស

фаст-фуд

អាហារតាមផ្លូវ

вулична їжа

ប៉ាន់តែ

чайник

បរអប់ស្ករ

цукорниця

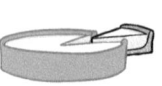

ចំណកៃ

порція

ម៉ាស៊ីនឆុងកាហ្វេអេិសស្ព្រេសូ

еспресо-машина

កៅអីខ្ពស់

високий стільчик

វិក្កយបត្រ

рахунок

ថាស

піднос

កាំបិត

ніж

សម

вилка

ស្លាបព្រា

ложка

ស្លាបព្រាកាហ្វេ

чайна ложка

កន្សែងជូតខ្លួន

серветка

កវៃ

склянка

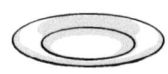

ចានទាប

тарілка

ចានស៊ុប

тарілка для супу

ចានទូរនាប់

блюдце

ទឹកជ្រលក់

соус

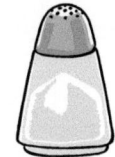

ដបអំបិល

солонка

ឬដាប់កិនម្រេច

млин для перцю

ទឹកខ្មេះ

оцет

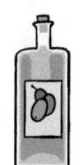

ឬរេង

масло

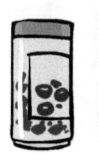

គ្រឿងទេស

спеції

ទឹកប់ងប់ោះ

кетчуп

ម៉ូតាក

гірчиця

ទឹកមយ៉ាណេ

майонез

ផ្សារទំនើប

супермаркет

ការផ្តល់ជូនពិសេស
пропозиція
FOR
អតិថិជន
клієнт
ទឹកដោះគោ
молочні продукти
ផ្លែឈើ
фрукти
រទេះរុញ
візок для покупок

BUTCHERS

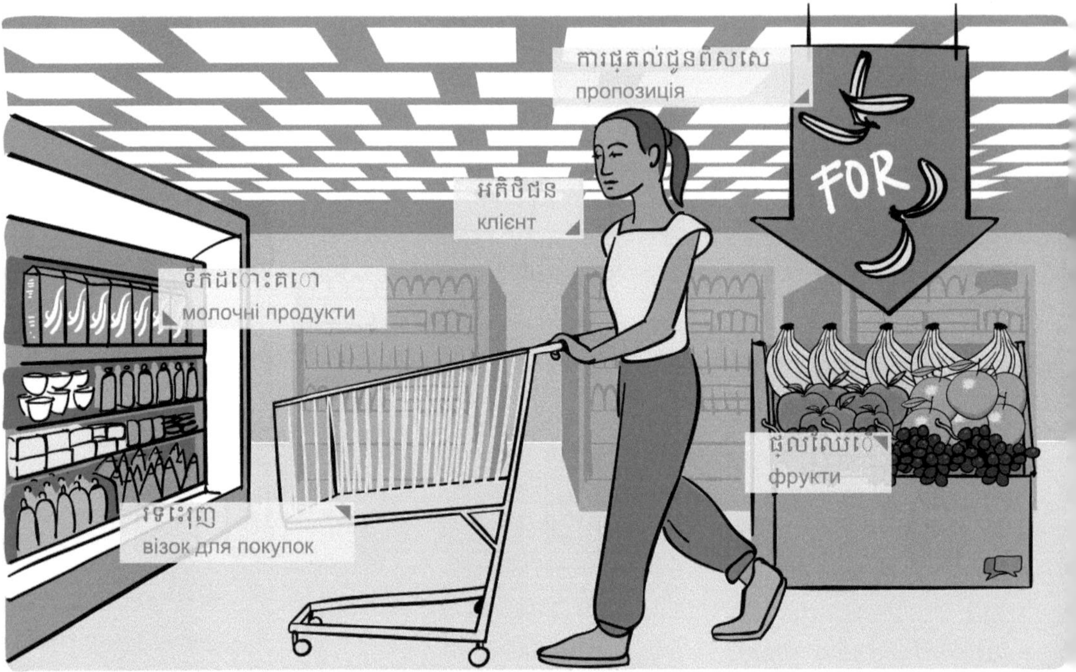

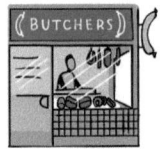

ហាងកាប់ជ្រូក

м'ясний магазин

BAKERY

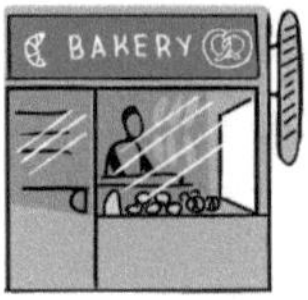

ហាងដុតនំ

пекарня

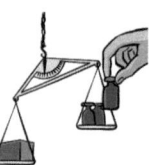

ថ្លឹង

зважувати

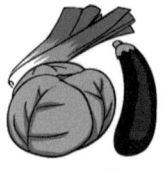

បន្លែ

овочі

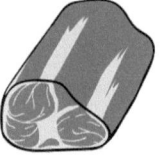

សាច់

м'ясо

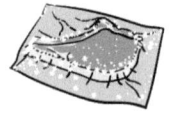

អាហារក្លាស្សេ

заморожені продукти

សាច់ក្រុលាសរ

ковбасна нарізка

អាហារកំប៉ុង

консерви

មុសៅលោង

пральний порошок

សុអរគុរប់

солодощі

ផលិតផលក្នុងគ្រួសារ

предмети домашнього побуту

ផលិតផលសម្អាត

мийний засіб

អ្នកលក់

продавщиця

ចតដាក់លុយ

каса

បង្ខៅ

касир

បញ្ជីទិញទំនិញ

список покупок

ម៉ោងធ្វើការ

часи роботи

កាបូបលុយបុរស

гаманець

កាតឥណទាន

кредитна картка

ថង់

сумка

ថង់ប្លាស្ទិច

поліетиленовий пакет

напої

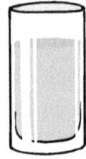

ទឹក

вода

ទឹកផ្លែឈើ

сік

ទឹកដោះគោ

молоко

កូកាកូឡា

кола

ស៊ុរា

вино

ស៊ុរាបៀរ

пиво

គ្រឿងស្រវឹង

алкоголь

កាកាវ

какао

តែ

чай

កាហ្វេ

кава

កាហ្វេអិចស្ព្រេស្សូ

еспресо

កាហ្វេកាពូឈីណូ

капучіно

ចេក

банан

ផ្លែប៉ោម

яблуко

ផ្លែក្រូច

апельсин

ឪឡឹក

кавун

ក្រូចឆ្មា

лимон

ការ៉ុត

морква

ខ្ទឹម

часник

ប្រសីុ

бамбук

ខ្ទឹមបារាំង

цибуля

ផ្សិត

гриб

គ្រាប់ផ្លែឈើ

горішки

មី

локшина

ម៉ីអ៊ីតាល់

спагеті

ហាយ

рис

សាឡាត់

салат

ដំឡូងចៀន

картопля фрі

ដំឡូងចៀន

смажена картопля

ភីហ្សា

піца

បឺហ្គឺ

гамбургер

សាំងវិច

бутерброд

សាច់ជាប់ឆ្អឹងជំនី

шніцель

ហាំ

шинка

សាឡាមី

салямі

សាច់ក្រក

ковбаса

សាច់មាន់

курка

អាំង

печеня

ត្រី

риба

អាហារ - їжа

អារ័នបបរ

вівсяні пластівці

មុប្ញសុលី

мюслі

ជំឡ្ឿងចំណិត

кукурудзяні пластівці

មុសเៅ

борошно

នំគ្រួសង់

круасан

នំបុ័ងមុៈ៉ាងមួលកូចៗ

булочка

នំបុ័ង

хліб

អាំង

тостовий хліб

នំបីស្គី

печиво

ប៊័រ

масло

ទឹកដេ៉ាះខាប់

сир

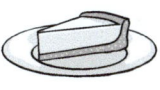

នំខេក

пиріг

ស៊ុត

яйце

ស៊ុតចេ្រៀន

яєчня

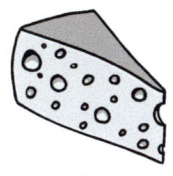

ឈីស

сир

ការ៉េម

морозиво

ស្ករ

цукор

ទឹកឃ្មុំ

мед

ដំណាប់

мармелад

គ្រូមែគាំងម៉ៃ

нуга-крем

ការី

карі

ផ្ទះក្នុងកសិដ្ឋាន
сільський будинок

ជង្រុក
комора

ខ្សែចេងចមុបរេ៊ង
солом'яні тюки

វាលស្រូរ៉
поле

សេះ
кінь

រថសណ្ដុ
 ជេង
причіп

កូនសេះ
лоша

 តុរាក់ទ័រ
трактор

សត្វឡោ
віслюк

កូនចរៀ៉ម
ягня

សត្វចរៀ៉ម
вівця

ពពែ

коза

គេាញ៉ី

корова

កូនគេា

теля

ជ្រូក

свиня

កូនជ្រូក

порося

គេាឈ្មុមេាល

бик

សត្វក្ងារន

гусак

ទា

качка

កូនមាន់

курча

មមោន់

курка

មាន់ឈ្មោល

півень

កណ្ដុរ

щур

ឆ្មា

кіт

កណ្ដុរប្រែមេះ

миша

គោឈ្មោល

віл

ឆ្កែ

собака

ផ្ទះឆ្កែ

собача будка

ទុយោទឹក

садовий шланг

ធុងស្រោចទឹក

лійка

ខូវែបក

коса

នង្គ័ល

плуг

កណ្ដៀងៀវ

серп

ចបកាប់

мотика

រនាស់

вила

ពូថៅ

сокира

រទេះរុញ

тачка

ស្នូក

корито

កំប៉ុងទឹកដោះគោ

бідон молока

ហរ

мішок

របង

паркан

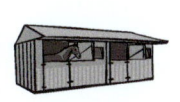

កុរពោល

хлів

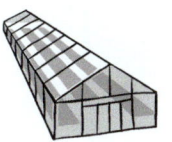

ផ្ទះកញ្ចក់

теплиця

ដី

ґрунт

គុរាប់ពូជ

насіння

ជី

добриво

ម៉ាស៊ីនបូររមូលផល

комбайн

ប្រមូលផល

пожинати

ការប្រមូលផល

урожай

ដំឡូងជួក

корінь ямсу

សូរ្យសាលី

пшениця

សណ្ដែកសៀង

соя

ដំឡូងជួក

картопля

ពោត

кукурудза

គ្រាប់ប្រេងរៃប

ріпак

ដើមឈើហូបផ្លែ

плодове дерево

ដំឡូងមី

маніок

ញ្ញជាតិ

злаки

បំពង់ផ្សែង
димохід

ដំបូល
дах

ទរបង្ហូរទឹក
водостічний лоток

បង្អួច
вікно

ហ្គារ៉ាស
гараж

កណ្ដឹងទ្វារ
дзвінок

ទ្វារ
двері

ធុងសំរាម
відро для сміття

ប្រអប់សំបុត្រ
поштова скринька

សួនច្បារ
сад

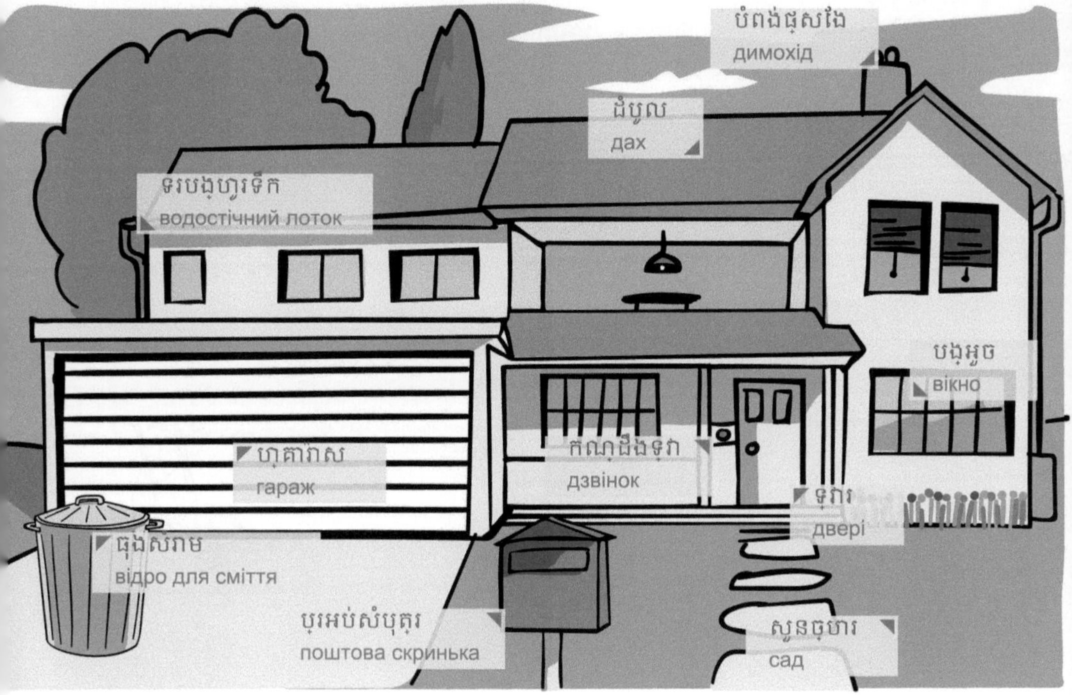

បន្ទប់ទទួលភ្ញៀវ

вітальня

បន្ទប់ទឹក

ванна кімната

ផ្ទះបាយ

кухня

បន្ទប់គេង

спальня

បន្ទប់របស់កុមារ

дитяча кімната

បន្ទប់ទទួលទានអាហារ

їдальня

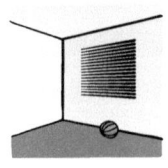

ជាន់

підлога

ជញ្ជាំង

стіна

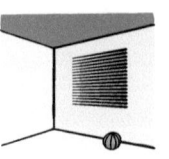

ពិដាន

стеля

បន្ទប់ក្រោមដី

підвал

សូណា

сауна

យ៉ែរ

балкон

ផ្ទៃវៃបសុមឆ្វែនទៅជមុរល
 កុន្លំ

тераса

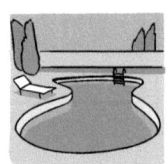

អាងហាលៃទឹក

басейн

ម៉ាស៊ីនកាត់សុមទៅ

косарка

សន្លឹក

простирало

កមុរលគុរវៃកេ

ковдра

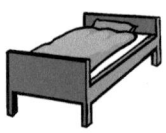

គុរវៃ

ліжко

អំបោស

мітла

ធុង

відро

កុងតាក់

перемикач

បន្ទប់ទទួលភ្ញៀវ

вітальня

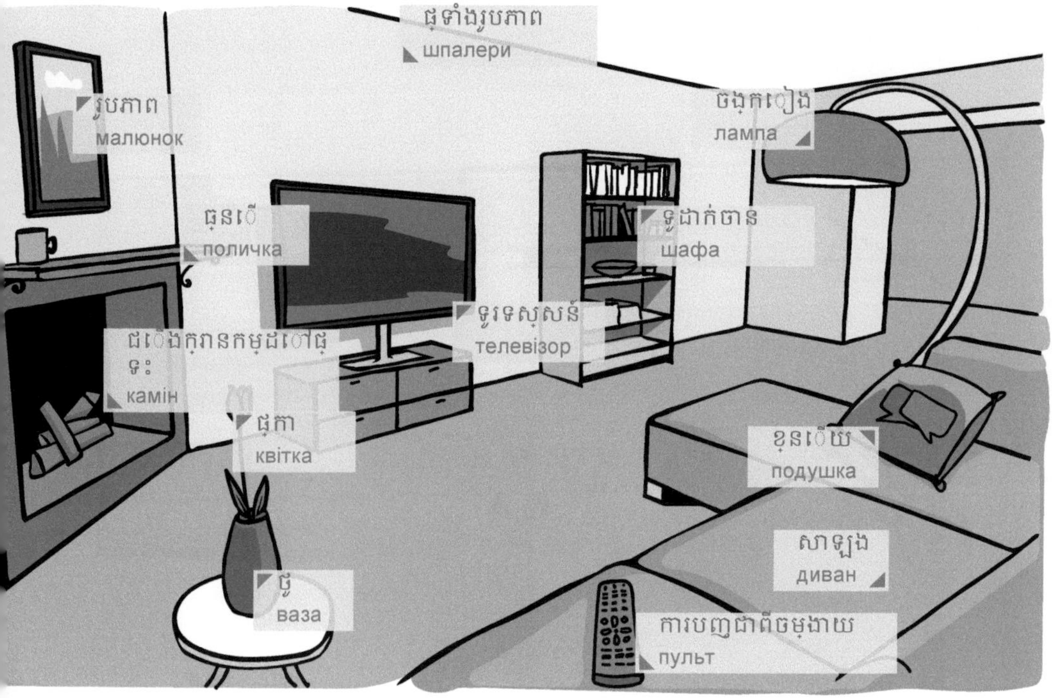
ផ្ទាំងរូបភាព
шпалери
រូបភាព
малюнок
ចង្កៀង
лампа
ធ្នើ
поличка
ទូដាក់ចាន
шафа
ទូរទស្សន៍
телевізор
ជើងក្រានកម្ដៅផ្ទះ
камін
ផ្កា
квітка
ខ្នើយ
подушка
សាឡុង
диван
ថូ
ваза
ការបញ្ជាពីចម្ងាយ
пульт

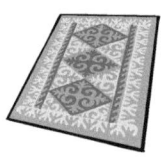

កម្រាលព្រំ

килим

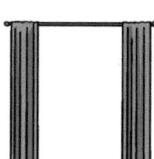

វាំងនន

завіса

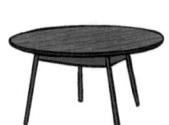

តុ

стіл

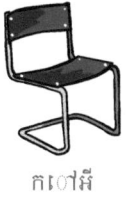

កៅអី

стілець

កៅអីប៉ាក់ប៉ើក

крісло-гойдалка

កៅអីភ្នាក់ដៃ

крісло

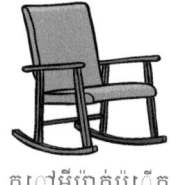

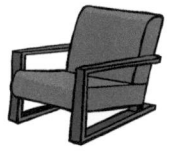

សៀវភៅ

книга

ភូយ

ковдра

ការតុបតែង

прикраса

អុសដុត

дрова

ខុសភាពយន្ត

фільм

ឧបករណ៍ Hi-Fi

стереосистема

កូនសោ

ключ

កាសែត

газета

គំនូរ

картина

ផ្ទាំងរូបភាព

плакат

វិទ្យុ

радіо

ណូតផតេ

блокнот

ម៉ាស៊ីនបូមធូលី

пилосос

ដំបងយកុស

кактус

ទៀន

свічка

ផ្ទះបាយ

кухня

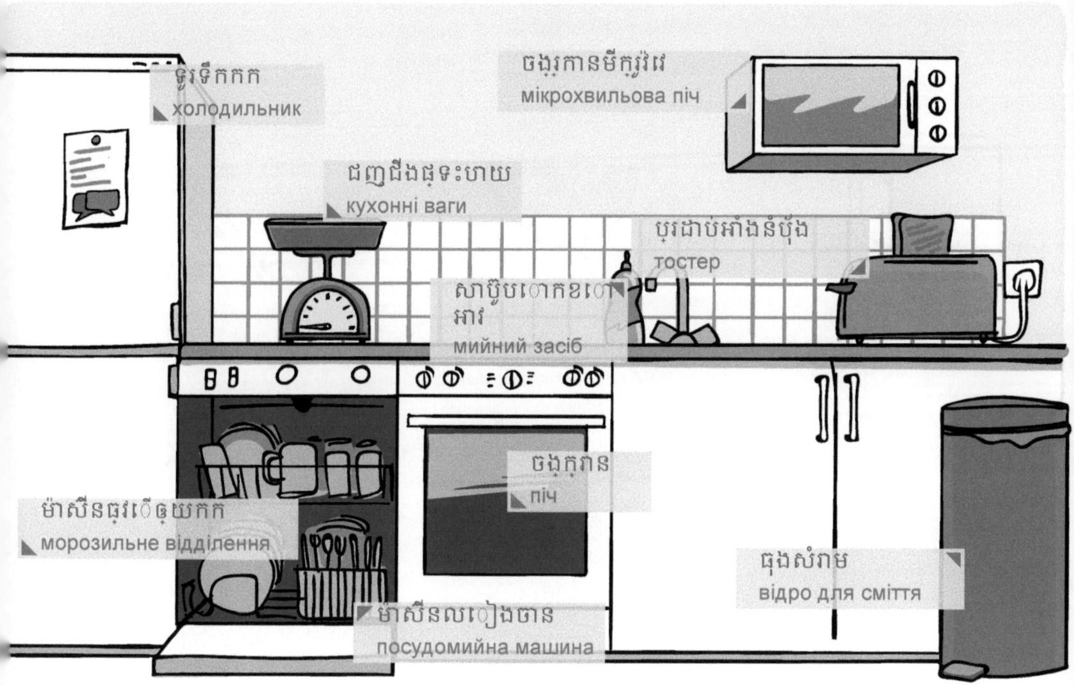

ទូទឹកកក
холодильник
ចង្ក្រានមីក្រូវ៉េវ
мікрохвильова піч
ជញ្ជីងផ្ទះបាយ
кухонні ваги
ប្រដាប់អាំងនំប៉័ង
тостер
សាប៊ូបោកខោអាវ
мийний засіб
ចង្ក្រាន
піч
ម៉ាស៊ីនធ្វើទឹកកក
морозильне відділення
ធុងសំរាម
відро для сміття
ម៉ាស៊ីនលាងចាន
посудомийна машина

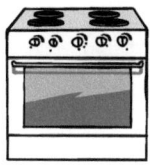

ចង្ក្រាន

плита

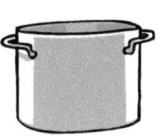

ឆ្នាំង

горщик

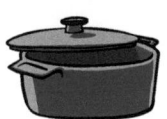

ឆ្នាំងដែក

чавунний горщик

ខ្ទះ / ខ្ទះឥណ្ឌា

вок / кадай

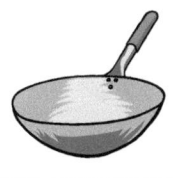

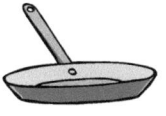

ខ្ទះ

сковорода

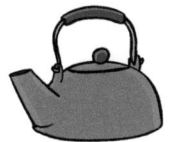

កំសៀវ

чайник

តុនាំងចំហុយ

пароварка

ថាសដុតនំ

лист

គ្រឿងចានឆ្នាំងជ

посуд

ថ្វី

кухоль

ចានតពោម

чаша

ចង្កឹះ

палички для їжі

វែកសមុល

черпак

វែកគូរ

лопатка

បុរដោប់វាយករឡ្មួក

вінчик для збивання

តម្រង

сито

កន្ត្រង

сито

បុរដោប់កពោសដូង

терка

តុហាល់

ступка

ការអាំងសាច់

барбекю

ចង្ក្រានចំហា

багаття

ជូរញ៉
дошка

បុរដាប់កិនម្សៅ
качалка

បុរដាប់ម្សៅបើកឆ្នុកស្រា
штопор

កំប៉ុង
конзерва

បុរដាប់បើកកំប៉ុង
відкривачка

កុរណាត់ទុរាប់ឆ្នាំង
прихватки

កន្លងដែលាងចាន
раковина

ជក់
щітка

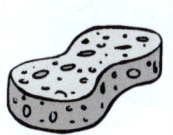

អប៉ុង
губка

ម៉ាស៊ីនកួរឡ្បក
міксер

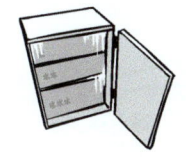

ទូរទឹកកកខ្លាឆត្ថូច
морозильна камера

ដបទឹកដញោះគេឡោ
дитяча пляшка

រ៉ូបីណា
кран

បន្ទប់ទឹក

ванна кімната

កម្មជល់ៅ
опалення

ផ្កាឈូក
душ

កន្សែង
рушник

រាំងននង្គុតទឹកផ្កាឈូក
душова завіса

ការង្គុតទឹកពព្ុះ
піниста ванна

អាងង្គុតទឹក
ванна

កវែ
склянка

ម៉ាស៊ីនបោកគក់
пральна машина

រូបីណា
кран

ករឡាក្របៀង
плитка

ចានបង្គន់
горшок

កន្លសលៅលាងចាន
раковина

បង្គន់

туалет

បង្គន់អង្គុយ

підлоговий туалет

ផ្រេងជម្រះកាយ

біде

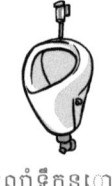

កុលាំទឹកនោម

пісуар

ករដាសបង្គន់

туалетний папір

ច្រាសដុសបង្គន់ន

щітка для туалету

38   បន្ទប់ទឹក - ванна кімната

ច្រាសដុសធ្មេញ

зубна щітка

ថ្នាំដុសធ្មេញ

зубна паста

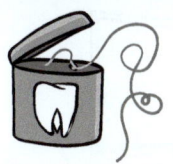

ខ្សែទោក់សម្អាតធ្មេញ

нитка для чищення зубів

លាង

мити

បុរដាប់ដាក់ដៃផ្កាឈូក

ручний душ

ទឹកចុន្ទំសម្រាប់បាញ់លាង

інтимний душ

អាង

таз

ច្រាសដុសខ្នង

щітка для спини

សាប៊ូ

мило

ដលេសម្រាប់ងូតទឹកផ្កាឈូ

гель для душу

សាប៊ូ

шампунь

សក្លាត

мочалка

បំពង់បង្ហូរទឹក

водостік

កុរមៃ

крем

ថ្នាំបំបាត់កុលិនអាក្រក់

дезодорант

កញ្ចក់

дзеркало

កញ្ចក់ដៃ

косметичне дзеркало

ប្រដាប់កោរ

бритва

ហ្វូមកោរពុកមាត់

піна для гоління

ទឹកលាងក្រោយកោរពុកមាត់

лосьйон після гоління

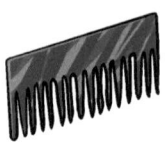

ក្រាស

гребінь

ជក់

щітка

ប្រដាប់សម្ងួតសក់

фен

ស្ពុយាយហាញ់សក់

лак для волосся

ការតុបតែងមុខ

косметика

ក្រមៃលាបមាត់

губна помада

ថ្នាំលាបក្រចក

лак для нігтів

រោមកប្បាស

вата

កន្ត្រៃកាត់ក្រចក

ножиці для нігтів

ទឹកអប់

парфум

កាប៉ូបបពោកគត់

косметичка

លាមក

табурет

ជញ្ជីងថ្លឹងទម្ងន់

ваги

អាវពាក់ងូតទឹក

халат

ស្រោមដៃកៅស៊ូ

гумові рукавички

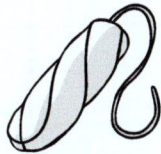

ឆ្នុក

тампон

កន្សែងអនាម័យ

гігієнічні прокладки

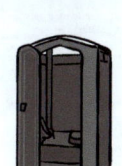

បង្គន់គីមី

біотуалет

បន្ទប់របស់កុមារ

дитяча кімната

នាឡិការោទ៍
будильник
ប្រដាប់ក្មេងអោបលេង
м'яка іграшка
រថយន្តក្មេងលេង
іграшковий автомобіль
ប្រដាប់អង្រួនលេង
брязкальце
ផ្ទះកូនក្រមុំជ័រ
ляльковий будиночок
អំណោយ
подарунок

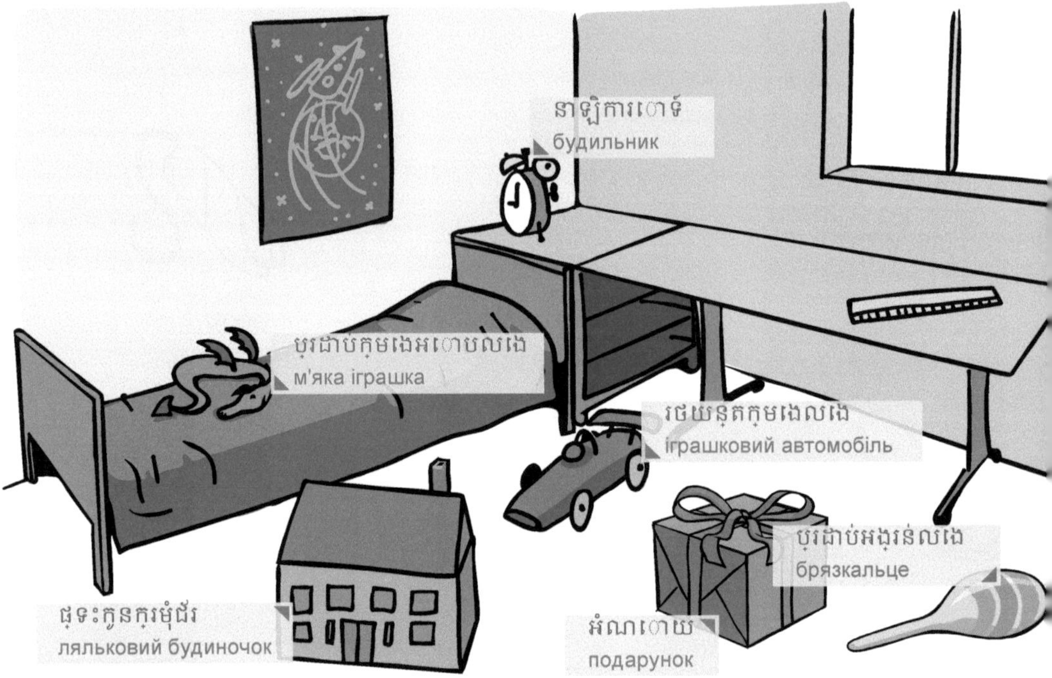

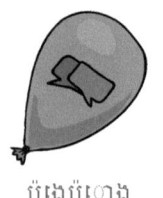

ប៉េងប៉ោង

повітряна кулька

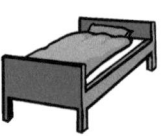

គ្រែ

ліжко

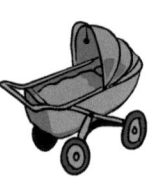

រទេះរុញទារក

дитячий візок

ហ៊្វបៀ

картярська гра

រូបផ្គុំ

пазл

SUPER
MEGA

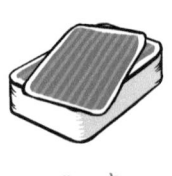

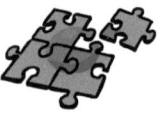

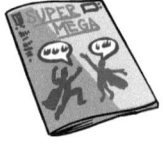

កំប្លែង

комікс

ឥដ្ឋប Lego

лего цеглинки

បុលុកបូរដោប់កុមងេលង

блоки

គូលខេសកម្មភាព

іграшкова фігурка

ខោអាវទារក

повзунки

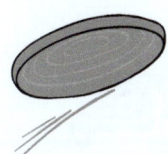

ការគប់ចាស

фризбі

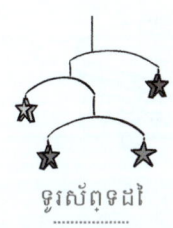

ទូរស័ព្ទដៃ

мобіле

កុតារលេបងេ

настільна гра

គ្រាប់ឡ្បកឡ្បាក់

кубик

ឈុតថភុលឈេឯគំរូ

модель залізнична станція

រូបសំណាក

соска

គណបកុស

вечірка

សរ្បៀវភៅរ្បបភាព

книжка з картинками

ហាល់

м'яч

កូនកុរម៉ុំតុកុកតា

лялька

លងេ

грати

របងៅខូសាច់

пісочниця

ទ្រេង

гойдалка

ប្រដាប់កុមងលង

іграшка

កុងសួលវីដអ្វូហ្គតមេ

гральна консоль

គូ្វីចក្រយានយន្ត

триколісний велосипед

តុកកតាខ្លាឃ្មុំ

плюшевий мішка

ទូខោអាវ

шафа

ស្រោមជេីង

шкарпетки

ស្រោមជេីងវែង

панчохи

ខោទ្រនាប់នារី

колготки

កន្សែង

шарф

ឆ័ត្រ

парасоля

អាវយឺត

футболка

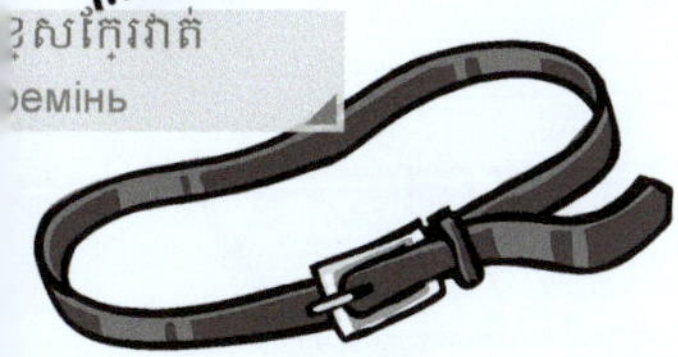

ខ្សែក្រវាត់

ремінь

សុបកែជើងហ្វាតា

кросівки

សុបកែជើងវៃ ង្គ

чоботи

សុបកែជើងពាក់នៅ ផ្ទះ

домашнє взуття

សុបកែជើងសង្រ្កែ
сандалі

សុបកែជើង
взуття

សុបកែជើងករវៃកទៅស្ថ
гумові чоботи

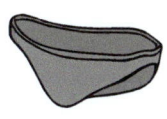
ខោទៃនាប់បុរស
труси

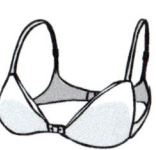
អាវទៃនាប់
бюстгальтер

អាវកាក់
нижня сорочка

 រាងកាយ

боді

ខោវែង

штани

ខោខូវបិយ

джинси

សំពត់

спідниця

អាវក្រុរៅ

блузка

អាវ

сорочка

អាវយឺត

пуловер

អាវយឺត

светр

អាវធំ

піджак

អាវក្រុរៅ

куртка

អាវធំ

пальто

អាវក្ឡូវ្ៀង

дощовик

គុរវៀងតវែ

костюм

អាវវែ

сукня

សំលវៀកបំពាក់អាពាហ៍ពិពាហ៍

весільна сукня

ខោអាវឈុត

костюм

រ៉ូបរាត្រី

нічна сорочка

ឈុតតង

піжама

សារី

сарі

កន្សែងជូតកុហាល

головна хустка

ឌុន្នត

чалма

សុបម៉ុខ

бурка

kaftan

кафтан

abaya

абая

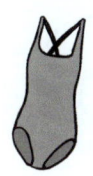

ឈុតហាលេទឹក

купальник

ខោខ្លី

плавки

ខោខ្លី

шорти

ឈុតហាត់កីឡា

тренувальний костюм

អារអេរៀម

фартух

សុរទោមដៃ

рукавички

ឡៀអោរ
гудзик

វ៉ែនតា
окуляри

ខ្សដៃ
браслет

ខ្សកៃ
ланцюг

ចិញ្ចៀន
кільце

កុវិល
сережка

មួក
шапка

បុរដាប់ពួយអោរកុរេៅ
плічка

មួក
капелюх

កុរវាត់ក
краватка

រូត
застібка-блискавка

មួកសុវត្តុថិភាព
шолом

ខ្សវៃ
підтяжки

ឯកសណ្ឋានសាលា
шкільна форма

ឯកសណ្ឋាន
уніформа

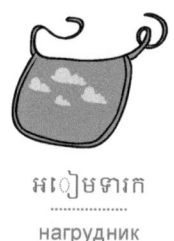

អៀមទារក

нагрудник

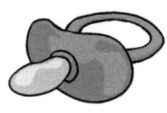

រូបសំណាក

соска

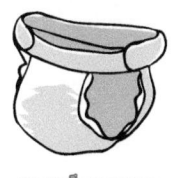

ខោទឹកនោម

підгузок

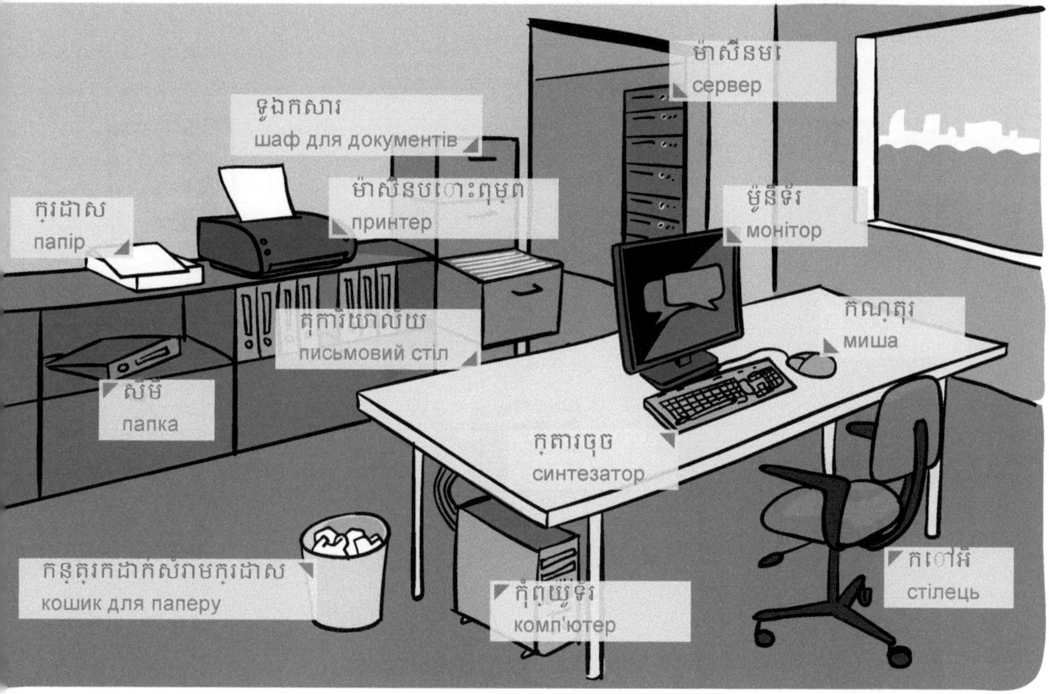

ការិយាល័យ

офіс

ម៉ាស៊ីនមេ
сервер
ទូឯកសារ
шаф для документів
ម៉ាស៊ីនបោះពុម្ព
принтер
ក្រដាស
папір
ម៉ូនីទ័រ
монітор
តុការិយាល័យ
письмовий стіл
កណ្ដុរ
миша
សឺមី
папка
ក្ដារចុច
синтезатор
កន្ត្រកដាក់សំរាមក្រដាស
кошик для паперу
កុំព្យូទ័រ
комп'ютер
កៅអី
стілець

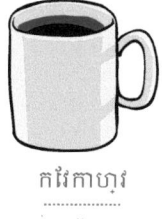

កែវកាហ្វេ

кавовий кухоль

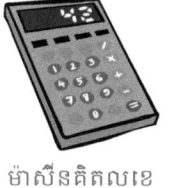

ម៉ាស៊ីនគិតលេខ

калькулятор

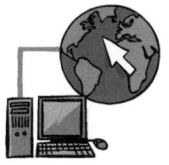

អ៊ីនធឺណិត

інтернет

កុំព្យូទ័រយួរដៃ

ноутбук

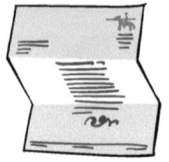

លិខិត

лист

សារ

повідомлення

ទូរស័ព្ទដៃ

мобільний телефон

បណ្តាញ

мережа

ម៉ាស៊ីនថតចម្លង

копіювальний пристрій

ស្ហូហ្វវែរ

програмне забезпечення

ទូរស័ព្ទ

телефон

រន្ធធុរពេត

розетка

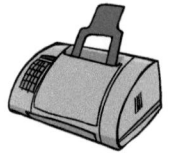

ម៉ាស៊ីនទូរសារ

факс

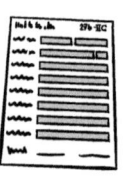

ទម្រង់បែបបទ

бланк

ឯកសារ

документ

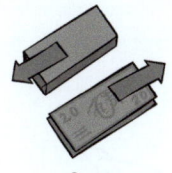

ទិញ

купувати

បង់ប្រាក់

платити

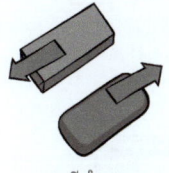

ធ្វើជំនួញ

торгувати

លុយ

гроші

ប្រាក់ដុល្លារ

долар

ប្រាក់អឺរ៉ូ

євро

ប្រាក់យ៉េន

ієна

ប្រាក់រូបិល

рубль

ហ្រ្វង់ស្វីស

франк

ប្រាក់យ៉ន

юанів женьміньбі

ប្រាក់រូពី

рупія

កន្លែងប្រើរើសាច់ប្រាក់

банкомат

ការិយាល័យបូរូបុរាក់

обмінний пункт

មាស

золото

បូរាក់

срібло

ប្រេង

нафта

ថាមពល

енергія

តម្លៃ

ціна

កិច្ចសន្យា

контракт

ពន្ធ

податок

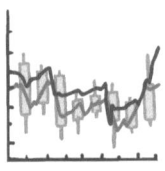

ភាគហ៊ុន

акція

ធ្វើការ

працювати

បុគ្គលិក

працівник

និយោជក

роботодавець

រោងចក្រ

фабрика

ហាង

магазин

профеciï

មនុស្សប៉ូលិស
поліцейський

អ្នកពន្លត់អគ្គិភ័យ
пожежник

ចុងភៅ
повар

វេជ្ជបណ្ឌិត
лікар

អ្នកបើកយន្តហោះ
пілот

អ្នកថែស្វន

садівник

ជាងឈើ

столяр

ជាងកាត់ដេរ

швачка

ចៅក្រម

суддя

គីមីវិទ្យូ

хімік

តួកុន

актор

អ្នកបើកឡានក្រុង

водій автобуса

អ្នកបើកតាក់ស៊ី

таксист

អ្នកនេសាទ

рибалка

សុត្តិអ្នកសមុអាត

прибиральниця

ជាងដំបូល

покрівельник

អ្នករត់តុ

офіціант

អ្នកបរបាញ់សត្វ

мисливець

វិចិត្រករ

художник

អ្នកដុតនំ

пекар

ជាងអគ្គីសនី

електрик

ជាងសំណង់

будівельник

វិស្វករ

інженер

អ្នកកាប់សាច់

забійник

ជាងផ្សសដុលទុយោរទឹក

бляхар

អ្នករត់សំបុត្រ

листоноша

ទាហាន

солдат

ស្ថាបត្យករ

архітектор

បេឡ្ការ

касир

អ្នកលក់ផ្កា

флорист

អ្នកកាត់សក់

перукар

អ្នកយកលុយ

кондуктор

ជាងម៉ាស៊ីន

механік

កាពីទែន

капітан

ពេទ្យធ្មេញ

дантист

អ្នកវិទ្យាសាស្ត្រ

вчений

គ្រូបង្រៀនច្បាប់សញ្ញាតិ
ជ្វីហ្វ

рабин

លោកសង្ឃយ៉ាម

імам

ព្រះសង្ឃ

монах

បព្វជិត

пастор

ឧបករណ៍

інструменти

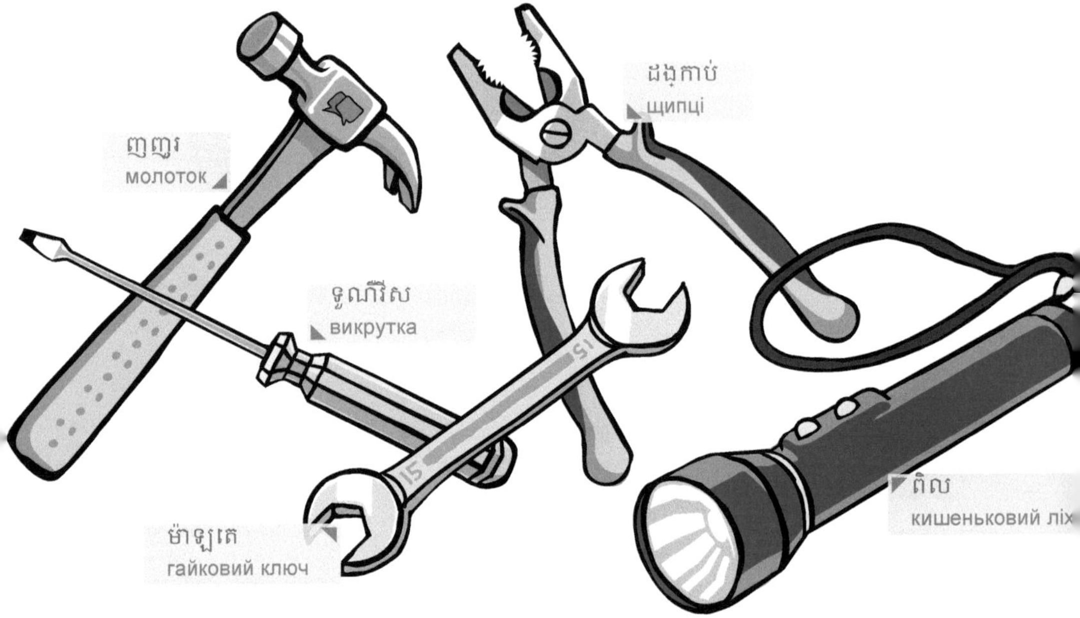
ញញួរ
молоток
ដង្កាប់
щипці
ទួណឺវីស
викрутка
ម៉ាឡេត
гайковий ключ
ពិល
кишеньковий ліх

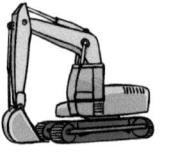

ម៉ាស៊ីនជីក

екскаватор

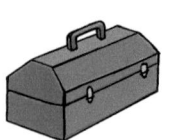

ប្រអប់ឧបករណ៍

ящик для інструментів

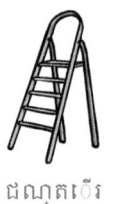

ជណ្ដើរ

драбина

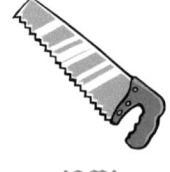

រណារ

пилка

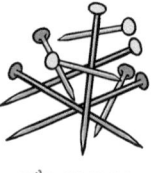

ដែកគោល

цвяхи

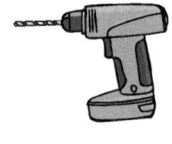

ប្រដាប់ស្វាន

свердло

ជួសជុល

ремонтувати

ប៉ែល

лопата

ចង្រៃ!

лайно!

បុរដាប់ច្រកធូលី

совок

ធុងថ្នាំពណ៌

відро з фарбою

វីស

гвинти

ឧបករណ៍តន្ត្រី
музичні інструменти

ឧបករណ៍បំពងសំឡេង
динамік

ឈុតស្គរ
ударна установка

ហ្គីតា
гітара

ហាសពីរ
контрабас

ត្រែ
труба

ពុយាណូ

фортепіано

វីយុឡ្យុង

скрипка

ហាស

бас

ស្គរពោសស្គុបកែមុឝ្យាង

литаври

ស្គរ

барабан

យ៉ីបត

клавіатура

សាក់ស្ួហ្ឫន

саксофон

ខ្លុយ

флейта

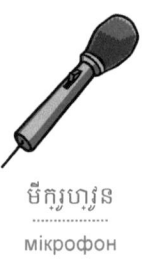

ម៉ីក្រូហ្ឫន

мікрофон

ឧបករណ៍តន្ត្ីរ - музичні інструменти

សួនសត្វ

зоопарк

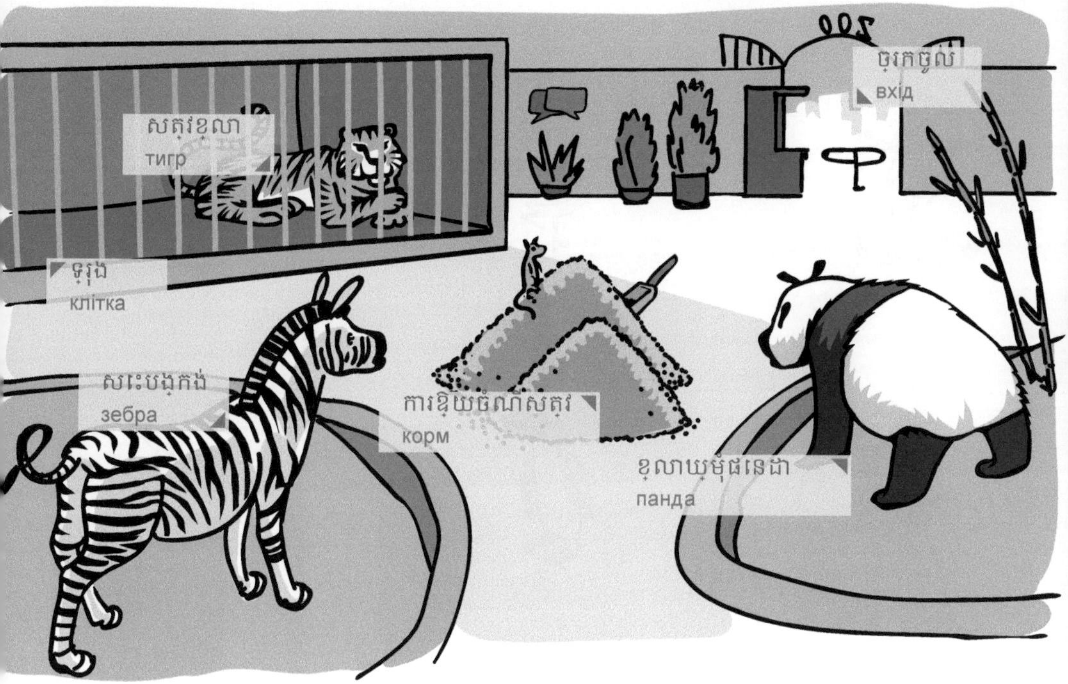
ច្រកចូល
вхід
សត្វខ្លា
тигр
ទ្រុង
клітка
សេះបង្កង់
зебра
ការឱ្យចំណីសត្វ
корм
ខ្លាឃ្មុំផេនដា
панда

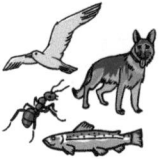

សត្វ

тварини

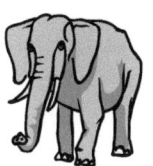

សត្វដំរី

слон

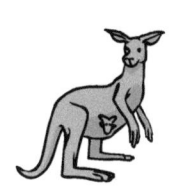

សត្វកង់ហ្គារូ

кенгуру

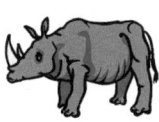

សត្វរមាស

носоріг

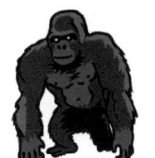

សត្វស្វាហ្គ័រីឡា

горила

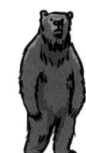

ខ្លាឃ្មុំពណ៌ត្នោត

ведмідь

សត្វអូដ្ឋ

верблюд

សត្វអូទ្រីស

страус

សត្វតោ

лев

ស្វា

мавпа

សត្វកុររៀល

фламінго

សកែ

папуга

ខ្លាឃ្មុំតំបន់ប៉ូល

білий ведмідь

ផេនឃ្វីន

пінгвін

ត្រីឆ្លាម

акула

ក្ងោក

павич

សត្វពស់

змія

ក្រពើ

крокодил

អ្នករក្សាសួនសត្វ

працівник зоопарку

ផ្សោតទឹក

тюлень

ខ្លារខិនមុយ៉ាង

ягуар

ក្ងនសរះ
....
поні

ខ្លារខិន
....
леопард

សត្វដរីទឹក
....
гіпопотам

សត្វករវែង
....
жираф

ផ្គន្ទូរី
....
орел

ជ្រូក
....
кабан

ត្រី
....
риба

អណ្ដាតឆ្ចក
....
черепаха

លហោមមច្ចា
....
морж

កញ្ជ្រោង
....
лисиця

ក្ដាន់
....
газель

កីឡាហាល់ទាត់អាមេរិក
американський футбол

ការបររណាំងកង់
їзда на велосипеді

កីឡាថិននីស
теніс

កីឡាហាល់បះោះ
баскетбол

កីឡាហាលែទីក
плавання

កីឡាប្រដាល់
бокс

កីឡាវាយកូនហាល់លៅេ កិក
хокей

កីឡាហាល់ទាត់
футбол

កីឡាវាយសី
бадмінтон

អត្តពលកម្ម
легка атлетика

កីឡាហាល់កាន់
гандбол

ការជិះស្គី
лижні перегони

ប៉ូឡូ
поло

សកម្មភាពនានា

дії

លោត
стрибати
ឱប
обіймати
សើច
сміятися
ដើរ
йти
ច្រៀង
співати
សុបិន្ត
мріяти
អធិស្ឋាន
молитися
ថើប
цілувати

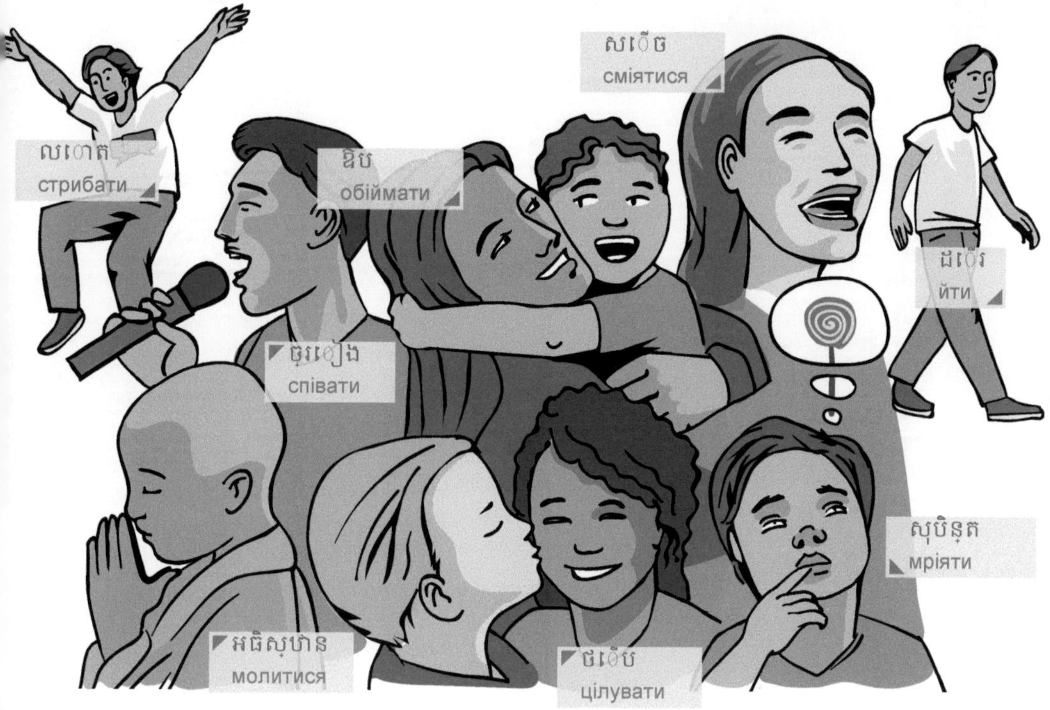

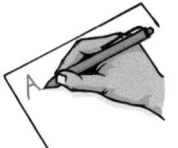

សរសេរ

писати

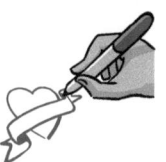

គូរ

малювати

បង្ហាញ

показувати

រុញ

тиснути

ឲ្យ

давати

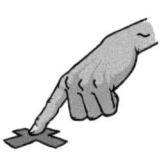

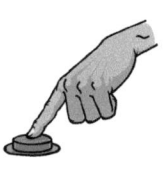

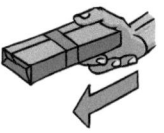

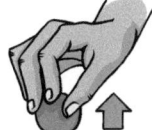

យក

брати

មាន

мати

ធ្វើ

робити

គឺ

бути

ឈរ

стояти

រត់

бігати

ទាញ

тягнути

បោះ

кидати

ធ្លាក់

падати

កុហក

лежати

រង់ចាំ

очікувати

យួរ

носити

អង្គុយ

сидіти

សួលៀកពាក់

одягати

ដេក

спати

ក្ញាក់ឡ្យេីង

просипатися

សកម្មភាពនានា - dіï

មមើល

дивитися

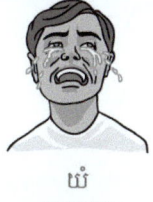

យំ

плакати

គុសវាស

гладити

សិតសក់

розчісувати

និយាយ

розмовляти

 យល់

розуміти

សួរ

питати

ស្ដាប់

слухати

ដឹក

пити

បរិភោគ

їсти

សម្អាត

прибирати

ស្រលាញ់

любити

ចម្អិន

варити

បើកបរ

їхати

ហោះ

літати

ចេកទូក

йти під вітрилом

គណនា

рахувати

អាន

читати

រៀន

вчитися

ធ្វើការ

працювати

រៀបការ

одружуватися

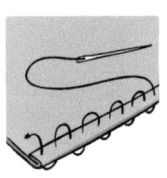

ដេរ

шити

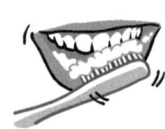

ដុសធ្មេញ

чистити зуби

សម្លាប់

убивати

ជក់

курити

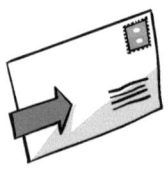

ផ្ញើ

посилати

ក្រុមគ្រួសារ

сім'я

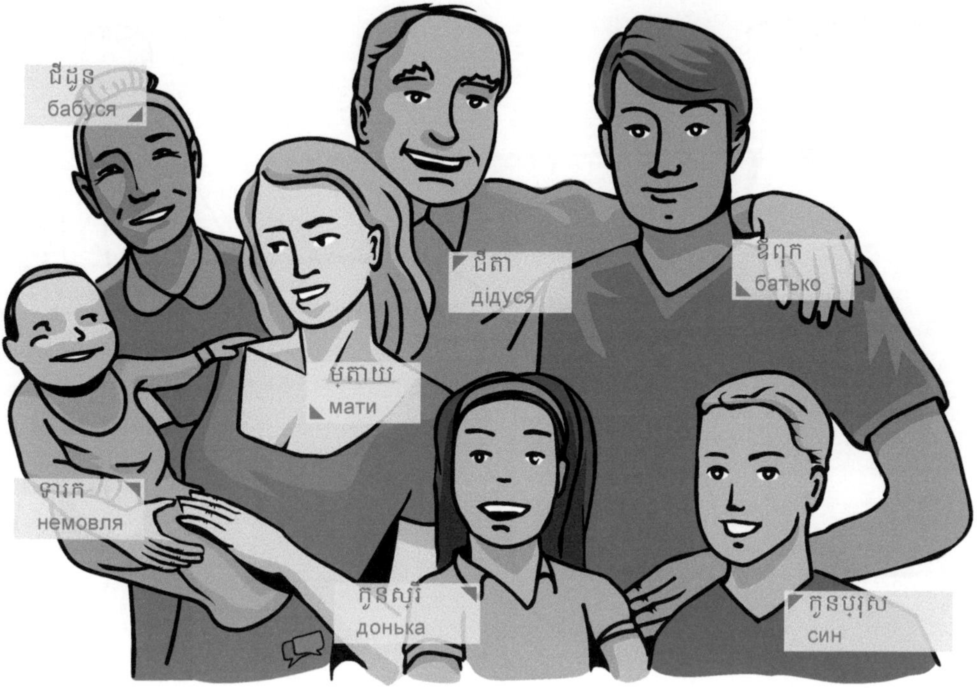
ជីដូន
бабуся
ជីតា
дідуся
ឪពុក
батько
ម្តាយ
мати
ទារក
немовля
កូនស្រី
донька
កូនប្រុស
син

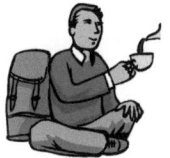

ភ្ញៀវ

гість

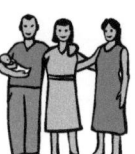

មីង

тітка

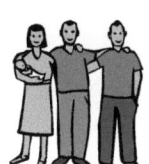

ពូ

дядько

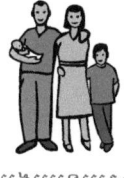

បងប្អូនប្រុស

брат

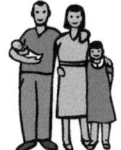

បងប្អូនស្រី

сестра

រាងកាយ

тіло

ថ្ងាស
чоло
ភ្នែក
око
ស្មា
плече
ម្រាមដៃ
палець
មុខ
обличчя
ចង្កា
підборіддя
ដៃ
кисть
ជើង
нога
សុដន់
груди
ដៃ
рука

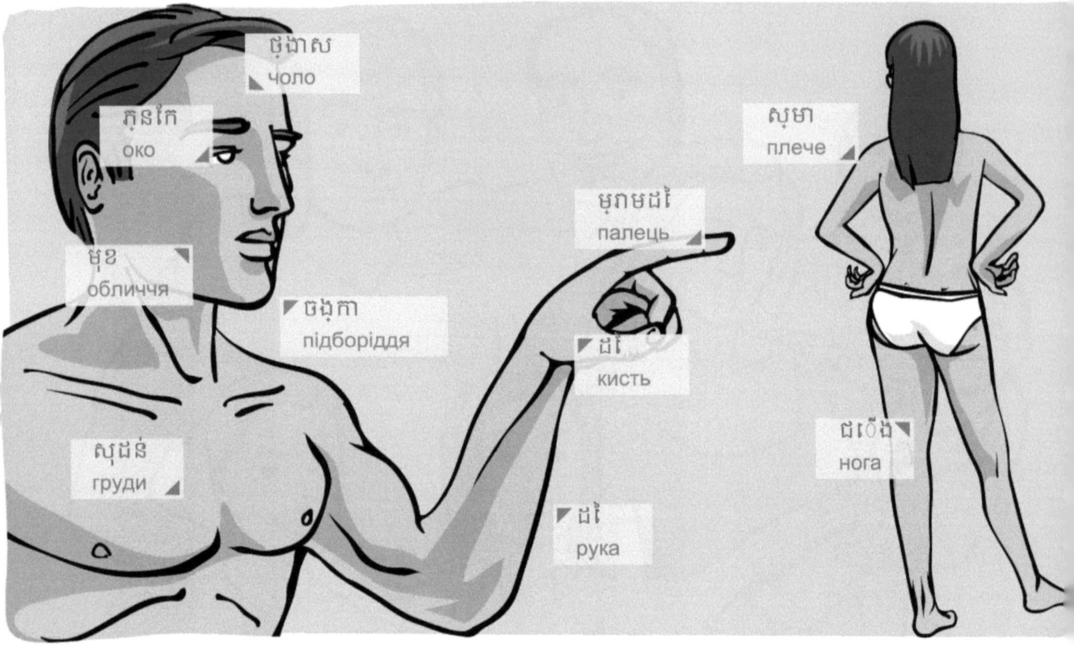

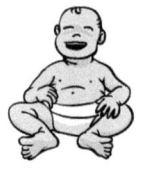

ទារក

немовля

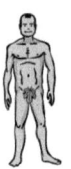

បុរស

чоловік

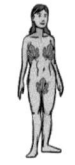

ស្ត្រី

жінка

ក្មេងស្រី

дівчина

ក្មេងប្រុស

хлопчик

ក្បាល

голова

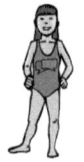

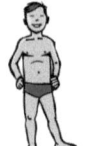

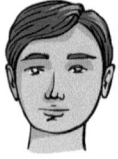

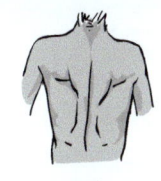

ខ្នង

спина

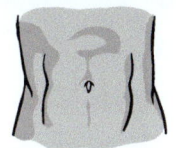

ពោះ

живіт

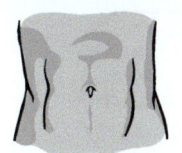

ផ្ចិត

пуп

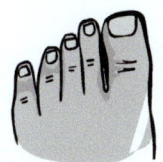

ម្រាមជើង

палець ноги

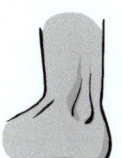

កែងជើង

п'ята

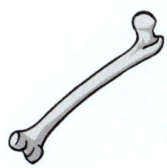

ឆ្អឹង

кістка

គូទគោក

стегно

ជង្គង់

коліно

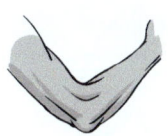

កែងដៃ

лікоть

ច្រមុះ

ніс

គូទ

сідниці

ស្បែក

шкіра

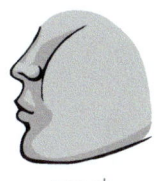

ថ្ពាល់

щока

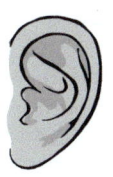

ត្រចៀក

вухо

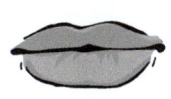

បបូរមាត់

губа

មាត់

рот

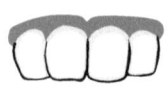

ធ្មេញ

зуб

អណ្តាត

язик

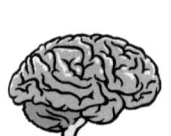

ខួរក្បាល

мозок

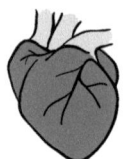

បេះដូង

серце

សាច់ដុំ

м'яз

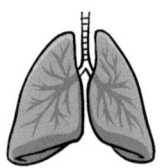

សួត

легені

ផ្លូវថ្លើម

печінка

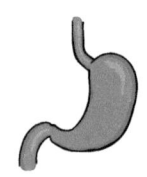

ក្រពះ

шлунок

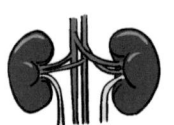

តម្រងនោម

нирки

ការរួមភេទ

статевий акт

ស្រោមអនាម័យ

презерватив

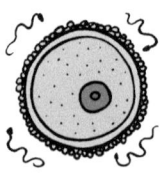

អូវុល

яйцеклітина

ទឹកកាម

сперма

ការមានផ្ទៃពោះ

вагітність

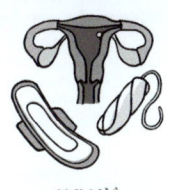

មករដូវ

менструація

ទ្វារមាស

вагіна

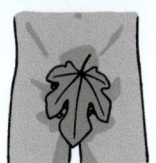

លិង្គ

пеніс

ចិញ្ចើម

брова

សក់

волосся

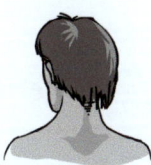

ក

шия

មន្ទីរពេទ្យ
лікарня

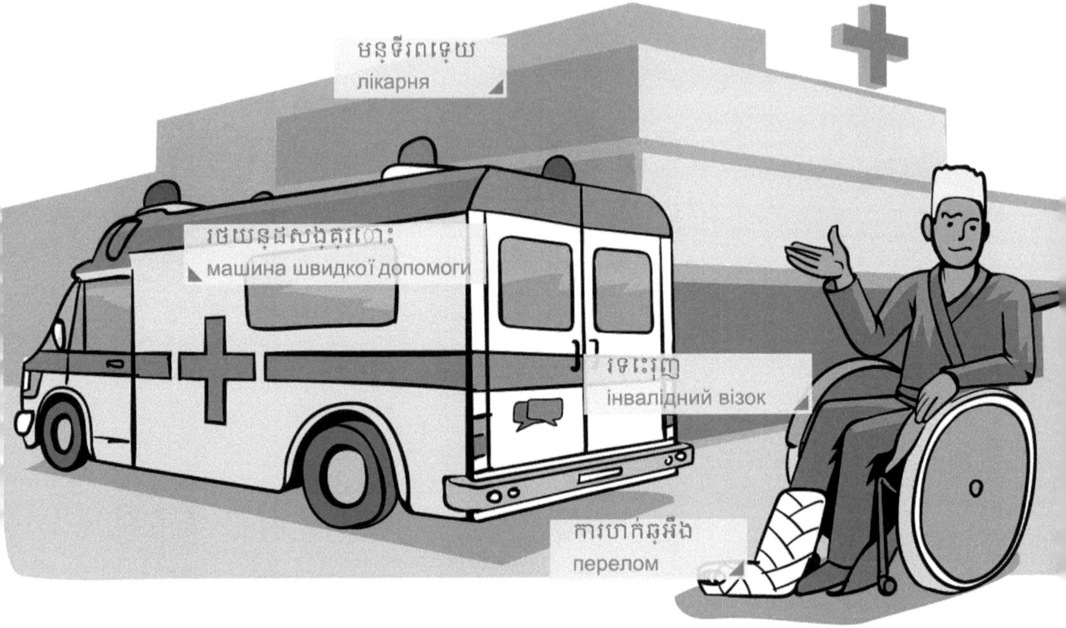

ឡេយន្តសង្គ្រោះ
машина швидкої допомоги

រទេះរុញ
інвалідний візок

ការបាក់ឆ្អឹង
перелом

រវេជ្ជបណ្ឌិត

лікар

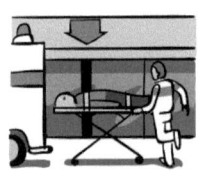

បន្ទប់សង្រ្គោះបន្ទាន់

відділення швидкої
медичної допомоги

គិលានុបដ្ឋាយិកា

медсестра

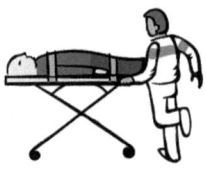

សង្រ្គោះបន្ទាន់

аварійний випадок

សន្លប់

непритомний

ការឈឺចាប់

біль

ការរងរបួស

травма

ការហូរឈាម

кровотеча

គាំងបេះដូង

інфаркт

មុងដាច់សរសៃឈាមក្នុងកុហាល

інсульт

អាលែកហ្សី

алергія

ក្អក

кашель

ជំងឺគ្រុន

лихоманка

ជំងឺផ្តាសាយ

грип

ជំងឺរាគ្រួស

пронос

ឈឺកុហាល

головна біль

ជំងឺមហារីក

рак

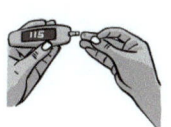

ជំងឺទឹកនោមផ្អែម

діабет

គ្រូពេទ្យវះកាត់

хірург

កាំបិតវះកាត់

скальпель

បុរេតិបត្តិការ

операція

CT
КТ

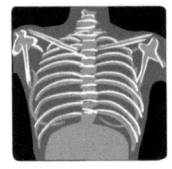

កាំរស្មីអ៊ិច
рентген

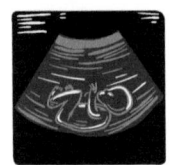

អេក្ស
ультразвук

របាំងមុខ
маска

ជំងឺ
хвороба

បន្ទប់រង់ចាំ
зал очікування

ឈើច្រត់
милиця

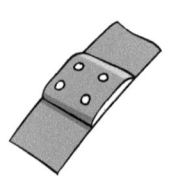

មុនាងសិលា
пластир

បង្វិ
пов'язка

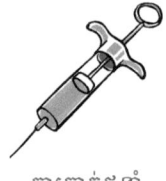

ការចាក់ថ្នាំ
ін'єкція

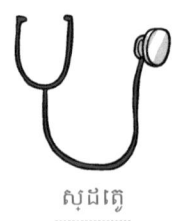

សុដ្គេ
стетоскоп

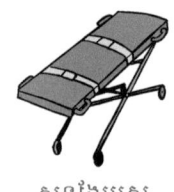

សុនដែងរូស
ноші

ទែម៉ែត្រវេជ្ជសាស្រ្ត
термометр

កំណើត
народження

លើសទម្ងន់
надмірна вага

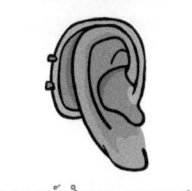

ឧបករណ៍ជំនួយការស្ដាប់

слуховий апарат

សារធាតុសម្លាប់មេរោគ

дезінфікуючий засіб

ការឆ្លងមេរោគ

інфекція

មេរោគ

вірус

មេរោគអេដស៍ / ជំងឺអេដស៍

ВІЛ / СНІД

ថ្នាំពេទ្យ

медицина

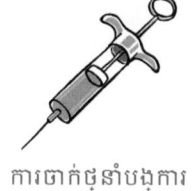

ការចាក់ថ្នាំបង្ការ

вакцинація

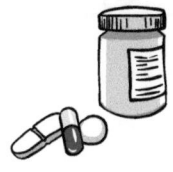

ថ្នាំគ្រាប់

таблетки

ថ្នាំគ្រាប់

протизаплідна пігулка

ការហៅទៅពេលអាសន្ន

екстрений виклик

ឧបករណ៍ពិនិត្យសម្ពាធ ឈាម

тонометр

ឈឺ / មានសុខភាពល្អ

хворий / здоровий

ជំនួយ!

Допоможіть!

សំឡេងរោទ៍

сигнал тривоги

ការវាយលុក

напад

ការវាយបុរហារ

атака

គ្រោះថ្នាក់

небезпека

ចរកចេញគ្រោះអាសន្ន

аварійний вихід

អគ្គីភ័យ!

Вогонь!

បំពង់ពន្លត់អគ្គិភ័យ

вогнегасник

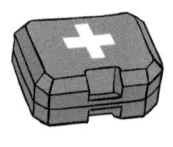

គ្រោះថ្នាក់

аварія

ឧបករណ៍ជំនួយបឋម

аптечка

SOS

СОС

ប៉ូលិស

поліція

អឺរ៉ុប

Європа

អាមេរិកខាងជើង

Північна Америка

អាមេរិកខាងត្បូង

Південна Америка

អាហ្វ្រិក

Африка

អាសុី

Азія

អូស្ត្រាលី

Австралія

អាត្លង់ទិច

Атлантика

ប៉ាស៊ីហ្វិក

Тихий океан

មហាសមុទ្រឥណ្ឌា

Індійський океан

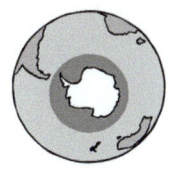

រហាសមុទ្រអង់តាក់ទិច

Антарктичний океан

មហាសមុទ្រអាកទិច

Північний Льодовитий
океан

ប៉ូលខាងជើង

Північний полюс

ប៉ូលខាងត្បូង

Південний полюс

អង់តាក់ទិក

Антарктика

ផែនដី

Земля

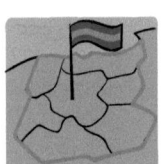

ដីគោក

суша

សមុទ្រ

море

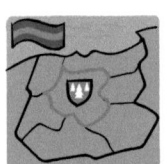

កោះ

острів

បុរទេសេជាតិ

нація

រដ្ឋ

держава

មុខនាឡិកា

циферблат

ទ្រនិចម៉ោង

годинникова стрілка

ទ្រនិចនាទី

хвилинна стрілка

ទ្រនិចវិនាទី

секундна стрілка

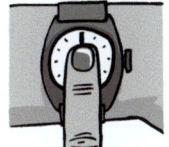

ម៉ោងប៉ុន្មាន?

Котра година?

ថ្ងៃ

день

ពេលវេលោ

час

ឥឡូវនេះ

зараз

នាឡិកាឌីជីថល

цифровий годинник

នាទី

хвилина

ម៉ោង

година

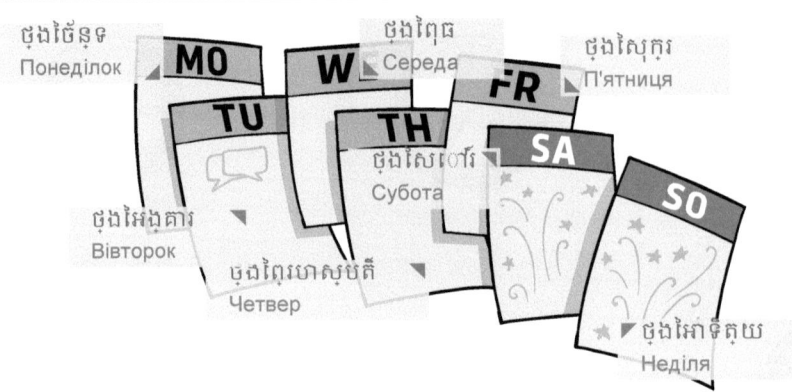

ថ្ងៃចន្ទ
Понеділок

ថ្ងៃពុធ
Середа

ថ្ងៃសុក្រ
П'ятниця

ថ្ងៃអង្គារ
Вівторок

ថ្ងៃព្រហស្បតី
Четвер

ថ្ងៃសៅរ៍
Субота

ថ្ងៃអាទិត្យ
Неділя

មុសិលមិញ
вчора

ថ្ងៃនេះ
сьогодні

ថ្ងៃស្អែកតែ
завтра

ព្រឹក
ранок

ថ្ងៃត្រង់
опівдні

ល្ងាច
вечір

ថ្ងៃថ្ងៃធ្វើការ
робочі дні

ចុងសប្ដាហ៍
кінець робочого тижня

ឆ្នាំ
рік

ទឹកភ្លៀង
дощ
ឥន្ធនូ
веселка
ព្រិល
сніг
ខ្យល់
вітер
និទាឃរដូវ
весна
រដូវស្លឹកឈើជ្រុះ
осінь
រដូវក្តៅ
літо
រដូវរងារ
зима

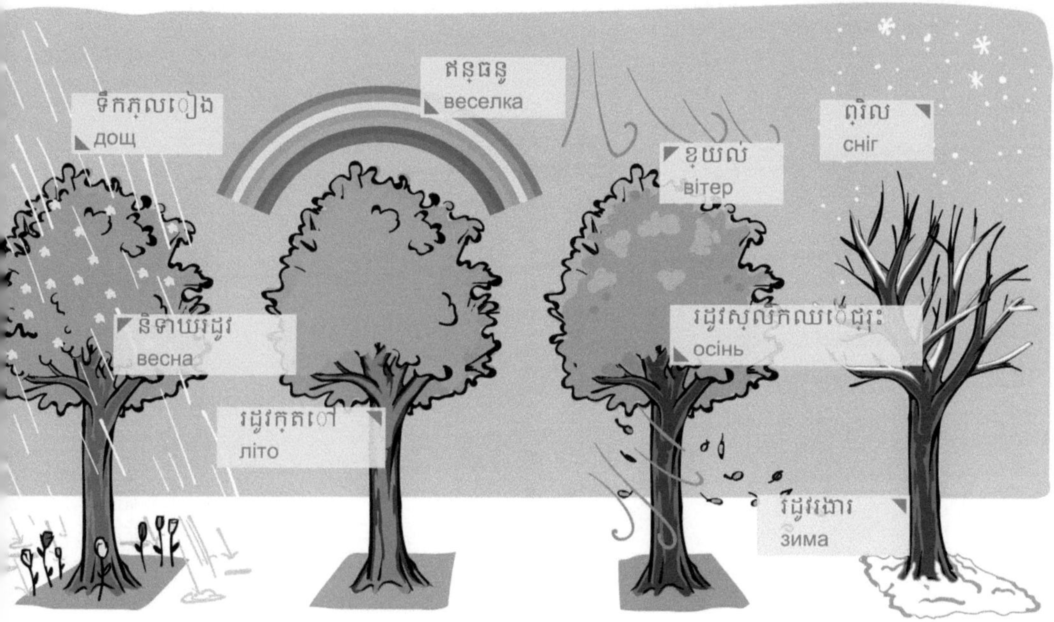

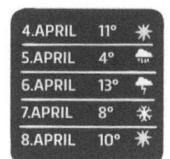

4.APRIL 11°
5.APRIL 4°
6.APRIL 13°
7.APRIL 8°
8.APRIL 10°

ព្យាករណ៍អាកាសធាតុ

прогноз погоди

F C

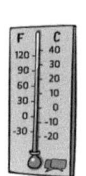

ទែម៉ូម៉ែត្រ

термометр

ពន្លឺថ្ងៃ

сонячне світло

ពពក

хмара

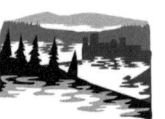

អ័ព្ទ

туман

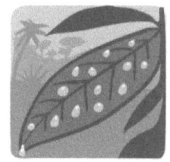

សំណើម

вологість повітря

នន្ទទះ

блискавка

ផ្គរ

грім

ពុយុះ

шторм

ព្រិល

град

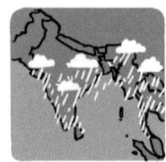

ខ្យល់មូសុង

мусон

ទឹកជំនន់

повінь

ទឹកកក

лід

ខែមករា

Січень

ខែកុម្ភៈ

Лютий

ខែមីនា

Березень

ខែមេសា

Квітень

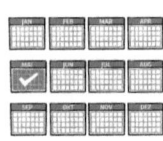

ខែឧសភា

Травень

ខែមិថុនា

Червень

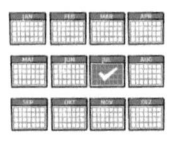

ខែកក្កដា

Липень

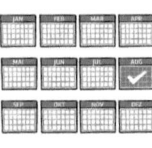

ខែសីហា

Серпень

ខែកញ្ញា

Вересень

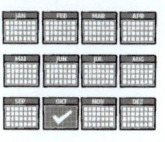

ខែតុលា

Жовтень

ខែវិច្ឆិកា

Листопад

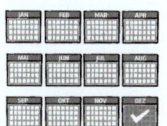

ខែធ្នូ

Грудень

រាង

форми

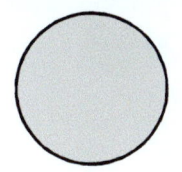

រង្វង់

круг

ការ៉េ

квадрат

ចតុកោណកែង

прямокутник

ត្រីកោណ

трикутник

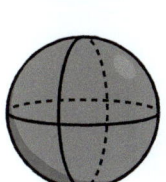

ស្វ៊ែរ

куля

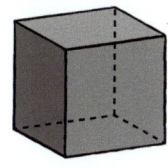

គូប

куб

ពណ៌

фарби

ពណ៌ស

білий

ពណ៌លឿង

жовтий

ពណ៌ទឹកក្រូច

помаранчевий

ពណ៌ផ្កាឈូក

рожевий

ពណ៌ក្រហម

червоний

ពណ៌ស្វាយ

фіолетовий

ពណ៌ខៀវ

синій

ពណ៌បៃតង

зелений

ពណ៌ទឹកក្រូច

коричневий

ពណ៌ប្រផេះ

сірий

ពណ៌ខ្មៅ

чорний

протилежності

ចូរេ៊ីន / តិចតួច

багато / мало

ខឹង / គួរជាក់ចិត្ត

лютий / мирний

ស្រស់ស្អាត / អាក្រក់

гарний / бридкий

ចាប់ផ្តើម / បញ្ចប់

початок / кінець

ធំ / តូច

великий / малий

ភ្លឺ / ងងឹត

світлий / темний

បុអ្នកបុរុស / បងបុអ្នកស្រី

брат / сестра

ស្អាត / កខ្វក់

чистий / брудний

ពេញលេញ / មិនពេញលេញ

завершений /
незавершений

ថ្ងៃ / យប់

день / ніч

ស្លាប់ / នៅរស់

мертвий / живий

ធំទូលាយ / តូចចង្អៀត

широкий / вузький

អាចបរិភោគតបាន /
មិនអាចបរិភោគតបាន

їстівний / неїстівний

ចិត្តអាក្រក់ / ចិត្តល្អ

злий / дружній

ការរំភើប / អផ្សុក

збуджений / нудьгуючий

ធាត់ / ស្គម

товстий / тонкий

ដំបូង / ចុងក្រោយ

спочатку / востаннє

មិត្តភក្តិ / សត្រូវ

друг / ворог

ពេញ / ទទេ

повний / порожній

រឹង / ទន់

жорсткий / м'який

ធ្ងន់ / ស្រាល

важкий / легкий

ភាពអត់ឃ្លាន /
ការស្រេកឃ្លាន

голод / спрага

ឈឺ / មានសុខភាពល្អ

хворий / здоровий

ខុសច្បាប់ / ត្រូវច្បាប់

незаконний / законний

ឆ្លាតវៃ / ល្ងង់

розумний / дурний

ឆ្វេង / ស្តាំ

вліво / вправо

ជិត / ឆ្ងាយ

поруч / далеко

ផ្ទុយគ្នា - протилежності

ថ្មី / ហានបូររើ

новий / використаний

គុមានអ្វីសោះ / អ្វីម្យួយ

нічого / щось

ចាស់ / កុមរង

старий / молодий

បេ្ចីក / បិទ

вкл / викл

បេ្ចីក / បិទ

відкрито / закрито

សុងប់សុងាត់ / ពូខ្លាំង

тихо / гучно

មាន / ក្រ

багатий / бідний

គ្រូវ / ខុស

правильно / неправильно

គ្រូរើម / រលេ្ហាង

шорсткий / гладкий

ពិហាកចិត្ត / សប្ហាយចិត្ត

сумний / щасливий

ខ្លី / វៃង

короткий / довгий

យឺត / លេ្ឿន

повільно / швидко

សើម / សុងួត

вологий / сухий

កុតៅ / គ្រូជាក់

гарячий / холодний

សង្រគាម / សនុតិភាព

війна / мир

ធ្ទុយគុនា - протилежності

числа

0

ស្សូន្យ

нуль

1

មួយ

один

2

ពីរ

два

3

បី

три

4

បួន

чотири

5

ប្រាំ

п'ять

6

ប្រាំមួយ

шість

7

ប្រាំពីរ

сім

8

ប្រាំបី

вісім

9

ប្រាំបួន

дев'ять

10

ដប់

десять

11

ដប់មួយ

одинадцять

12

ដប់ពីរ

дванадцять

13

ដប់បី

тринадцять

14

ដប់បួន

чотирнадцять

15

ដប់ប្រាំ

п'ятнадцять

16

ដប់ប្រាំមួយ

шістнадцять

17

ដប់ប្រាំពីរ

сімнадцять

18

ដប់ប្រាំបី

вісімнадцять

19

ដប់ប្រាំបួន

дев'ятнадцять

20

ម្ភៃ

двадцять

100

រយ

сто

1.000

ពាន់

тисяча

1.000.000

លាន

мільйон

អង់គ្លេស

англійська

អង់គ្លេសអាមេរិក

американська англійська

ចិនកុកងឺ

китайська
високочиновницька

ហិណ្ឌូ

хінді

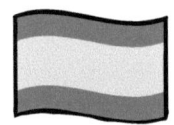

អេស្ប៉ាញ

іспанська

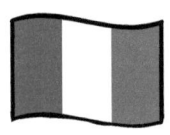

ហារាំង

французька

អារ៉ាប់

арабська

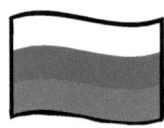

រុស្សី

російська

ព័រទុយហ្គាល់

португальська

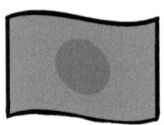

បង់គ្លាដេស

бенгальська

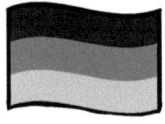

អាល្លឺម៉ង់

німецька

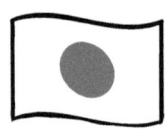

ជប៉ុន

японська

ខ្ញុំ

я

អ្នក

ти

គាត់ / នាង / វា

він / вона / воно

យេ៎ង

ми

អ្នក

ви

ពួកគេហេន

вони

នរណា?

хто?

អ្វី?

що?

របៀបណា?

як?

កន្លែងណា?

де?

ពេលណា?

коли?

ឈ្មោះ

ім'я

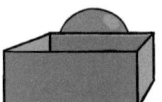

ពីក្រោយ

ззаду

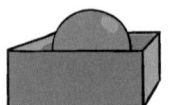

ក្នុង

в

ពីមុខ

перед

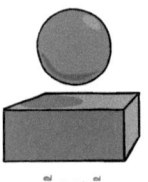

ពីលើ

над

នៅលើ

на

នៅក្រោម

під

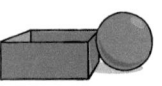

នៅក្បែរ

біля

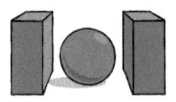

រវាង

між

កន្លែង

місце